Kurt Tucholsky
Briefe an eine Katholikin
1929-1931

Rowohlt

Die Reproduktion der Totenmaske erfolgt mit freundlicher Genehmigung
des Kurt Tucholsky Archivs. Sie wurde im Dezember 1935
in Göteborg/Schweden abgenommen.
Das Faksimile auf Seite 5 zeigt Kurt Tucholskys Widmung
an Marierose Fuchs in dem ihr dedizierten Pyrenäenbuch
Schutzumschlagentwurf von Werner Rebhuhn

1.–4. Tausend Februar 1970
5.–9. Tausend April 1970
© Rowohlt Verlag GmbH, Reinbek bei Hamburg, 1969
Alle Rechte, auch die des auszugsweisen Nachdrucks
und der fotomechanischen Wiedergabe, vorbehalten
Gesetzt aus der Linotype-Janson-Antiqua,
gedruckt und gebunden von Clausen & Bosse, Leck/Schleswig
Das holzfreie Daunendruckpapier
fertigte die Papierfabrik Scheufelen, Oberlenningen
Printed in Germany
ISBN 3 498 06463 0

Spricht Pilatus zu ihm:
„Was ist Wahrheit?"
Joh. 18;38.

Für Mausie Funk, die ihm
fern und nah ist –

Tucholsky.

1935

Vorwort

Ende der zwanziger Jahre, die wir heute die «goldenen» nennen, erhielt ich zu Rezensionszwecken von dem Feuilleton-Redakteur der *Germania* in Berlin einige Bücher. Die Kritiken sollte ich diesmal unter einem Gesamttitel zusammenfassen, und so entstand der kleine Aufsatz: *‹Journalistik im Buch›*. Er behandelte eben erschienene Sammlungen von Feuilletons, Betrachtungen, Satiren: Arbeiten von Rudolf Geck, Robert Neumann, Bücher von Kurt Tucholsky und Alfred Polgar. Es fiel mir nicht schwer, über die anderen Bücher zu schreiben, aber mit dem Inhalt der Aufsätze, Glossen, Satiren, Kritiken und Chansons von Kurt Tucholsky habe ich lange gekämpft. Behütet aufgewachsen, stand ich zwar wie jeder junge Mensch im Gegensatz zu vielen überkommenen Anschauungen, aber ich hatte im Kreis des Weltstadtpriesters Dr. Carl Sonnenschein junge Schriftsteller, Maler, Kunstgewerblerinnen, Studenten, Akademiker getroffen und glaubte, der Welt, die mir vorschwebte, begegnet zu sein. Diese nachdenklichen, suchenden, zweifelnden oder hoffnungsfrohen Menschen waren von der Tatsache eines Weltkrieges im zwanzigsten Jahrhundert zutiefst erschüttert und wollten an einem neuen, besseren, einem dauernden Frieden zustrebenden Leben mitbauen. Ich hatte in den Jahren zuvor eine Sozialausbildung abgeschlossen, an Jugendämtern und einem Arbeitsamt praktiziert und vor allem ehrenamtlich Dr. Carl Sonnenschein in seiner sozialen Arbeit zu helfen versucht.

Damals hatte ich schon gelegentlich publiziert. Das hing wieder mit meiner von Carl Sonnenschein angeregten sozialen

Einstellung zusammen: alles, was ich erlebte, Schönes, Schweres, Großes, Erschütterndes, alles, was inneren Halt, neue Erkenntnisse, Verständnis für andere, weitere Sicht versprach, wollte ich weitergeben. Natürlich hatte ich viel gelesen. In den Arbeiten Tucholskys spürte ich unsere Welt, wenn auch eine andere Seite als jene, in der ich lebte. Mich beschäftigten diese Tagesnotizen, Kritiken und Betrachtungen ungewöhnlich. Ich besprach die Bücher auch nicht im Sinn der *Germania*, lehnte die Schriften nicht aus weltanschaulichen Gründen einfach ab. Die *Germania* war ja eine katholische Zeitung, Zentrumsblatt.

Heute kann ich kaum noch verstehen, was mich an Tucholskys Arbeiten schockierte. Zu viel Entsetzliches, was er damals voraussah, haben wir in den letzten Jahrzehnten erlebt. Jetzt, nach dem Zweiten Weltkrieg, erscheint mir seine Sprache nicht nur rein und gepflegt, sondern seine Gedanken bei aller oft berechtigten Schärfe von einer heute nicht mehr oft anzutreffenden Besinnlichkeit. Damals aber wirkten sie, besonders auf bürgerliche Kreise, wie ein rotes Tuch. Ich versuchte alles Positive herauszutasten, begeistert von manchen Formulierungen, manchem feinen Spott. Die *Weltbühne* war bis dahin kaum in meinen Gesichtskreis geraten, obwohl sie an allen Bahnsteigen der Stadtbahn vor den Kiosken aushing.

Einige Wochen nach der Veröffentlichung ‹Journalistik im Buch› fand ich unter meiner Post einen Brief von Tucholsky. Ich war zunächst erschrocken, beschämt. Hatte ich einem Menschen unrecht getan? Ein Mann sprach mich an, der einen Namen hatte, ein Kämpfer, dessen Besonderheit ich wohl spürte. In einem langen Brief bat ich um Verzeihung, ich hatte weder eine Ungerechtigkeit begehen noch den Autor verletzen wollen. In seinem Schreiben rührten mich vor allem die Sätze an: «Ich gebe Ihnen privat zu bedenken: nicht alle Wege führen über Rom. Wir andern – auch wir suchen. Und lachen nur über die, die versuchen, die Lehre eines großen Revolutionärs und reinen Menschen mit den Bedürfnissen spießiger Kleinbürger in Einklang zu bringen.» Ebenso traf mich seine Bemerkung, die einzige Gotteslästerung, die er kenne, sei das Antreiben der Kirchen zum Mord. Ich bestritt die Ausschließlichkeit der Formulierung, wußte ich doch, daß die Kirchen oft zum Frieden ermahnt hatten, wußte aber auch, daß es überall Priester gab, die dem Nationalismus verfielen, das Recht nur bei ihrem Volke zu sehen glaubten. Ich verkehrte in Kreisen, die gegen jede Wiederholung eines Krieges kämpften, ich kannte Ernst Thrasolt, der in seinen Schriften alles, was zu Feindschaften zwischen einzelnen Menschen, Gruppen und Völkern führen konnte, verurteilte. Ich hörte den Friedenspater Stratmann, junge Menschen aus der Jugendbewegung. So schrieb ich einen Brief, erschrocken und impulsiv; er muß aber doch wohl so gewesen sein, daß Kurt Tucholsky mir fast unmittelbar wieder antwortete.

Dieser zweite Brief von Kurt Tucholsky war einer der schönsten, grundsätzlichsten, es war der längste Brief. Gerade von diesem Brief aber fehlen mehrere Seiten. Er bricht ab mit einer Ausführung über die Satire. Dem Sinne nach enthielt der nächste Satz seine Erkenntnis, die er auch in seinem Aufsatz ‹Was darf die Satire?› formulierte: «Die Satire muß übertreiben und ist in ihrem tiefsten Wesen ungerecht. Sie bläst die Wahrheit auf, damit sie deutlicher wird.»

In der Zeit des Nationalsozialismus waren die Bücher von Kurt Tucholsky öffentlich verbrannt worden und niemand durfte sie besitzen. Sie gehörten in den «Giftschrank». Ich hatte sie darum gut versteckt, und bei einer Haussuchung durch die Gestapo in Köln waren die betreffenden Beamten glücklicherweise in der Literatur so wenig bewandert, daß sie diese Schriften übersahen.

Danach hatte ich große Angst, seine Briefe nicht erhalten zu können. Ich zerriß meine eigenen, seine Briefe aber versteckte ich unter einigen mit zittriger Schrift geschriebenen Karten meiner Mutter, malte mit großen Buchstaben auf den Aktendeckel: «Mama», legte alte Tageszeitungen darüber und verbarg alles in einer Kiste im Keller. Auch in meinem Weidener Hause, in das ich nach dem Tode meiner Mutter zog, blieben die Briefe in einem Versteck. Nachdem jedoch 30 amerikanische Soldaten mich 1945 aus meinem Heim evakuiert hatten, waren bei meiner Rückkehr in das verwüstete Haus diese Briefe zunächst verschwunden. Erst später fand ich sie, verstreut im Keller, zerknittert, beschmutzt. Es waren Ecken abgerissen und von dem schönsten, ausführlichsten Brief waren nur noch zwei Seiten erhalten.

Gesehen habe ich Kurt Tucholsky nur ein einziges Mal, zu Beginn des Briefwechsels. Er bat um eine Begegnung in der Redaktion der *Weltbühne*. Er stand hinter seinem Schreibtisch an die Wand gelehnt, als ich, mit Herzklopfen, eintrat und sah mich forschend an. Die Unterhaltung dauerte mehr als eine Stunde, schüchtern saß ich neben seinem Schreibtisch, versuchte seine Fragen zu beantworten, hörte von seinen Arbeiten, Reisen und Plänen. Er bat mich, ihm zu schreiben, sagte, ich solle niemals denken, er wünsche keine Briefe mehr, wenn seine Antworten längere Zeit ausblieben.

Jedem, der heute diese Briefe liest, wird auffallen, daß er sich mehrfach für sein langes Schweigen entschuldigte. Ohne seine ausdrückliche Bitte hätte ich nicht gewagt, ihm alles mitzuteilen, was ich erlebte, was mich freute, worunter ich litt.

Es ist mir unmöglich, die Freude und den Schreck zu schildern, als der in seinen Briefen zweimal angekündigte ‹Brief an eine Katholikin› wirklich erschien und sogar auf der weißen «Bauchbinde» der kleinen roten Hefte in großen Buchstaben hervorgehoben war. An allen Kiosken hing er aus. Ich dachte, alle Menschen müßten merken, daß dieser Brief an mich gerichtet war. Auf einer U-Bahn-Station kaufte ich mir ein Heft und las es in einem kleinen Café. Ich wagte zunächst nicht, mich einem anderen Menschen anzuvertrauen. Dr. Carl Sonnenschein war im Februar 1929 gestorben, daheim durfte ich das Heft nicht zeigen. Eines Tages hörte ich nach einem Vortrag drei Herren hinter mir gerade über diesen Brief sprechen, und einer von ihnen meinte, er wäre alle in Politik und Caritas tätigen, bedeutsamen Frauen durchgegangen, niemand käme in Betracht. Diese Adressatin gäbe es also gar nicht, Kurt Tucholsky habe nur die Form eines Briefes gewählt, um lebendiger zu wirken. Einer dieser Herren war ein Studentenseelsorger, der für die Erneuerung der Liturgie wirkte, ich besuchte ihn und zeigte ihm zum Beweise, daß es diese Katholikin doch gäbe, den Brief von Kurt Tucholsky, mit dem er diesen Aufsatz angekündigt hatte. Ich fand Interesse, Verständnis. Der Priester, dessen Denkweise ich verehrte, meinte, die Begegnung mit einem suchenden jungen, gläubigen und doch kritischen Menschen könne vielleicht eher Brücken schlagen, Vorurteile abbauen als Gespräche mit acht Durchschnittsgeistlichen.

Als ich vor einigen Jahren diese Briefe wieder einmal las, nun als alternder Mensch, war ich wieder gepackt von ihrer lebendigen, ursprünglichen, offenen Art, dem Ernst, der auch hinter kleinen Ironien zu spüren war, ihrer Ehrlichkeit, dem Hinhören auf die Überzeugung anderer. So meinte ich nach langer Überlegung, daß ich diese Briefe nicht nur dem Kurt Tucholsky Archiv zur Verfügung stellen müßte, sondern auch andere Menschen daran teilhaben lassen sollte. Wahrscheinlich gehören solche Briefe nach vier Jahrzehnten auch nicht mehr einem Menschen allein.

Marierose Fuchs

DIE WELTBÜHNE
Begründet von Siegfried Jacobsohn
Geleitet von Carl v. Ossietzky

Berlin-Charlottenburg
Kantstraße 152
14–8–29   Fernsprecher: Steinplatz 7757

Frau
Mariarose Fuchs
Redaktion der «*Germania*»
Berlin

Sehr verehrte gnädige Frau,
Sie hatten die Freundlichkeit, in einer Buchbesprechung
«*Journalistik im Buch*» in der «*Germania*» vom 14. 7. d. J.
auch etwas über meine Arbeiten zu schreiben. Erlauben Sie
mir bitte dazu ein Wort.

Wer in der Öffentlichkeit Kegel schiebt, muß sich von jedem sagen lassen, wieviel Punkte er geworfen hat – darüber ist
nicht zu reden. Wenn aber zwei Elemente zusammenstoßen,
so ist der Klang, den das gibt, ein Produkt *beider*; man kann
nicht sagen, daß nur eines daran schuld sei. Was mich bewegt,
von einem Grundsatz: nämlich zu schweigen, eine Ausnahme
zu machen, ist ein Satz, den Sie geschrieben haben: «Aber da
ist, wesentlicher, ein anderes: Ein erschreckender Mangel an
Ehrfurcht vor fremder Überzeugung.»

Wenn das in der «*Germania*» steht, so kann sich dieser
Vorwurf in erster Linie nur auf die Religion beziehen. Und
das halte *ich nicht* für gerechtfertigt.

Bin ich ein so schlechter Schriftsteller, daß [. . .] Spürt man
nicht hinter der Frechheit [. . .] Mentalität? Ist nicht überall
sauber unterschieden zwischen der Kirche als Hort des Glaubens, über den ich mich niemals lustig gemacht habe – und der
Kirche als politische Institution im Staat?

Über die letztere allerdings . . . da gibt es wohl keinen gu-

ten Witz, den ich jemals auslieẞe. Wie! «Herumreiterei auf
der Rolle der Kirchen im Weltkrieg, ohne tiefer zu schau-
en» – – gnädige Frau, haben Sie einmal tiefer geschaut, zum
Beispiel in ein Massengrab? Ich aber. Was sollen mir spitz-
findige Erklärungen; was die unbestreitbar saubere Haltung
vieler Geistlicher, besonders der katholischen, die ihre protestantischen Kollegen – hier wie auch sonst – um ein viel-
faches überragt haben – was soll mir alles das, wenn im entscheidenden Augenblick die Kirche in Paris und die Kirche in
Berlin die Leute zum Mord antreibt? *Gegen* ihre eigene Lehre? (Was man da herumtiftelt, verfälscht Christus, die einzig
wahre Gotteslästerung, die mir bekannt ist.) Nein, was mich
betrübt und schmerzt, weil ich die Suchenden in allen Lagern
spüre, und selber zu ihnen gehöre –: was mich schmerzt, ist
die Tatsache, daß die katholische Kirche fatal protestantisch
geworden ist. Wäre sie nur so, wie Sie glauben, ich sähe sie –
aber so ist sie nicht. Fragen Sie ein wenig in der Jugend Ihrer
Partei und Ihrer Religion – die werden das verstehen.

Ich antworte Ihnen nicht öffentlich; denn Sie haben das
Recht, alles, was Sie für richtig halten, über mich zu schreiben. Ich gebe Ihnen privat zu bedenken: nicht alle Wege
führen über Rom. Wir andern – auch wir suchen. Und lachen
nur über die, die versuchen, die Lehre eines [großen Revo-
lutionärs] und reinen Menschen mit den Bedürfnissen spießiger [Kleinbürger] in Einklang zu bringen.

Mit den besten Empfehlungen Ihr sehr ergebener

Dr. Tucholsky

DIE WELTBÜHNE
Begründet von Siegfried Jacobsohn
Geleitet von Carl v. Ossietzky

Post: Weltbühne
Kantstr. 152   16–9–29

Sehr verehrte gnädige Frau,
ich danke Ihnen verbindlichst für Ihren so freundlichen Brief,
den ich mit großer Aufmerksamkeit gelesen habe. Erlauben
Sie mir schon die Anrede – wir haben im deutschen leider
nichts so schön Neutrales wie das französische «Madame» –
alles andere klingt nicht gut. Item:
   Zunächst sei vorangeschickt: Sie haben mir nicht wehgetan.
Ich schreibe das nicht etwa als «der große Mann, dem keiner
kann . . .» Sie haben mir nicht wehgetan, weil Sie einer Puppe
ins Herz geschossen haben. Ich stand daneben. Glauben Sie
mir: wenn es ins Herz trifft, das fühlt man – ich habe dieser
Tage von einer sehr klugen Frau, einer Protestantin, einen
Brief bekommen, in dem sie mich – als ihren Freund – wegen
meiner «kurzsichtigen Helligkeit» zurechtgestoßen hat – *das*
saß. Wäre diese Frau mein Gegner in der Öffentlichkeit –:
ich hätte keinen leichten Stand.
   An dem, was Sie geschrieben haben, bin ich etwas mitschuldig. Mir geht manchmal das Temperament durch, ver-
schärft durch eine Berliner . . . Sie wissen schon, ich meine,
soweit ich das selbst beurteilen kann, fast immer gut – und
statt nun Unrecht durch *Recht* wiedergutmachen zu helfen,
mache ichs manchmal durch doppeltes Unrecht.
   Ich hätte Ihnen überhaupt nicht geschrieben, wenn ich
nicht einen *Ton* in dieser Kritik gefühlt hätte, der mir sehr
ans Herz gegangen ist. Das hat mit dem Katholizismus nur
mittelbar zu tun. Sie erlauben mir dazu etwas sehr Rückhalt-
loses.

Niemals vermag ein Außenstehender das katholische Erlebnis *ganz* zu erfassen – wenn er nicht sehr weise und sehr weit «eingeweiht» ist, was ja gar nichts mit dem Dogma zu tun hat. In der nächsten Zeit erscheinen von mir in der *«Weltbühne»* ein paar Arbeiten, darin stehen einige äußerst scharfe Bemerkungen gegen den Katholizismus – aber an einer Stelle habe ich das genannt, was mir so widerwärtig ist. Ich habs den «Vulgärkatholizismus» genannt. Ich *fühle*, wenn ich diese, verzeihen Sie, männlichen und weiblichen Betschwestern am Werk sehe: das kann nicht der richtige, nicht der echte Katholizismus sein – das ist seine Karikatur. Wie weit diese Karikatur auch in die Kirche eingedrungen ist, habe ich nicht zu beurteilen – ich kann Ihnen nur versichern: *ich* fühle mich manchmal in meinem, sagen wir, Gottesglauben verletzt, wenn ich so sehe, was aus Rom kommt. Ich habe da ein paar freie Rhythmen geschrieben, in denen – neben andern bösen Dingen – steht:

> Sie wollen dich,
> sie wollen sich
> und vergessen IHN.

Ist das so –? Ja und Nein. Wie Sie wissen.

Nun kommt dazu, daß es unsereiner, der Satiriker, der Demagoge, unendlich schwer hat. An Mauerwände kann man keine Pastelle malen. Ich muß also den breiten Pinsel nehmen. Durch diese gewollten und beabsichtigten [...]

Hamburg, den 4–12–29   Post: Weltbühne

Sehr verehrte Frau Fuchs,
nun ist die kleine Vortragsreise, die ich gemacht habe, glücklich vorüber – und da liegt Ihr Brief.

Seit 14 Tagen bin ich jeden Tag in einem andern Ort gewesen, immer auf der Bahn, Hotelzimmer und abends Vortrag und Vorlesung ... ich habe es nicht für sauber gehalten, Ihnen aus dieser Atmosphäre heraus zu antworten. Dazu sind Ihre Briefe zu ernst. Sie, der Sie so ein feines Gefühl für Obertöne haben, hätten auch sofort gemerkt, wie zerstreut, wie oberflächlich so ein Schreiben dann ist – das habe ich nicht gewollt. Daher – und nur daher – mein Schweigen.

Händedruck für den Verlust, den Sie erlitten haben.

Ich spiele nicht mit Ihnen und Ihren Gedanken; unsere Unterredung ist mir näher gegangen als ich sagen kann. Sie hören ausführlich von mir.

In alter Gesinnung

herzlichst
Ihr
Tucholsky

Post: Weltbühne   17–12–29

Sehr verehrtes Fräulein Fuchs,
da liegen nun alle Ihre freundlichen Briefe vor mir – aber ich möchte mich gar nicht so sehr entschuldigen: es ist sicherlich für diesen Briefwechsel besser, wenn ich erst heute antworte: still, gesammelt und ruhig – und nicht hopphopp aus dem Hotelzimmer. Item:

Zunächst danke ich Ihnen recht herzlich: einmal für das große und kameradschaftliche Interesse, das Sie «über den Graben» an unserer und meiner Arbeit nehmen – und dann für Ihre Freundlichkeit, mich in Berlin noch einmal empfangen zu wollen. Die Leute haben mir aber bis zur letzten Stunde die Haare vom Kopf gerissen, eine Armee von Beleidigten habe ich zurückgelassen («Für mich haben Sie keine Zeit...!») – und so ist es denn leider nichts mehr geworden. Das will ich aber, wenn Sie es später noch erlauben, nachholen.

Bevor ich Ihre Briefe Punkt für Punkt beantworte:

Das, was Sie in diesem Brief *nicht* finden werden, beantworte ich Ihnen in der «*Weltbühne*». Es wird «*Brief an eine Katholikin*» heißen und wird zweierlei *nicht* enthalten: a) wird Ihre eigene Schwester nicht merken, daß Sie die Adressatin sind und b) werde ich mir an keiner Stelle den unritterlichen Vorteil verschaffen, der darin liegt, daß Sie kein dialektisch geschulter Priester sind. (Einem solchen unterläge ich glatt.) Ich halte es für kindlich, so etwas auszunutzen; als ob damit etwas bewiesen ist, daß bei einer Disputation: Fahsel – Bauarbeiter Klamottke Fahsel siegt und bei einer Disputation: Kaplan Hintermoser aus Niedertupfingen – H. G. Wells der Engländer siegt – dergleichen besagt für und gegen den Katholizismus gar nichts. Also so wollen wir das nicht machen.

Ich werde Ihnen also einige grundsätzliche Dinge im Blättchen entwickeln; daher fehlen sie hier oder sind nur andeutungsweise skizziert.

1.) Das Blättchen bekommen Sie von jetzt ab, natürlich nicht gegen Vorzugspreis, sondern gratis – wenn Sie es nicht mehr mögen, sagen Sie es bitte. Ich mag mich keinem Menschen aufdrängen. (Ich nähme Ihnen das auch niemals übel, wenn Sie das Blatt nicht im Haus haben wollen – meine Empfindlichkeiten sitzen anderswo.)

2.) Den Artikel von Ossietzky habe ich noch einmal ganz genau durchgesehen – denn als ich Ihren Brief las, dachte ich, ich hätte irgend eine seiner Arbeiten übersprungen; die, an die ich dachte, konnte es doch nicht gewesen sein ... Aber sie war es. Und nun verstehe ich Ihren Brief gar nicht.

Wir kennen uns nicht (wie wenig, werden Sie weiter unten sehen) – aber ich möchte doch, daß wir uns geistig etwas näher kommen. Also: es kann keine Rede davon sein, daß ich etwa «beleidigt» wäre – Sie können, solange es nichts Ehrenrühriges ist, von Ossietzky, von mir, von unsern Mitarbeitern das Schärfste schreiben, was Sie wollen – ich nehme dergleichen immer als *Echo* – wir haben in den Wald hineingerufen, und nun ruft es eben wieder heraus. Also das ist in Ordnung.

Aber zur Sache:

Ist «*Lädiertes Sakrament*» wirklich so unverschämt? Mir ist der Titel gar nicht aufgefallen – ich habe empfunden: Das, was jene als Sakrament betrachten, hat in Wahrheit längst ein Loch. Beleidigung? Schändung? Ich habe nicht einmal empfunden, daß es so gemeint war – ich glaube das keinesfalls. Auch würde Ossietzky nie, niemals so etwas von der «katholischen Jungfrau» sagen – Sie glauben gar nicht, wie weit dieser Pfeil vom Ziel abgegangen ist. Ossietzky ist ein sehr zurückhaltender, sehr scheuer Mensch – ich habe ihn in all den Jahren unserer Zusammenarbeit nicht einmal gefragt, ob er katholisch ist, ich weiß es nicht, weil es mich nicht interessiert. Nie würde er solche spöttischen Bemerkungen machen – nie.

In der *Sache* aber sehe ich dies:

Die katholische Anschauung sieht in der Ehe ein unlösbares, heiliges Band, keinen Zweckvertrag. Das ist Sache der Kirche. Ich diskutiere das Dogma nicht. Es ist auch das Recht der Kirche, gegen Andersmeinende alle parlamentarischen Waffen in Anwendung zu bringen; mit allen Kräften dafür zu kämpfen, daß Ehen nicht oder nur sehr schwer gelöst werden sollen; daß Ehebruch strafbar bleiben soll – das ist ein politischer Kampf. Aber gegen eines wehre ich mich und werde mich wehren, solange ich noch eine Schreibmaschine habe:

Daß die Partei des Zentrums sich eine Ausnahmestellung anmaßt, die ihr nicht zukommt. Das gibt es nicht. Hier ist keine Satire zu scharf.

Wie! Die Partei steigt in die Arena des politischen Kampfes hinunter, ein Feld, auf dem – wie männiglich bekannt – auch mit Pferdeäpfeln geworfen wird. Die Kämpfer schreien sich heiser, sie brüllen, sie führen auch saubere und leise Kämpfe – und es geht im ganzen recht hitzig zu. *Wir* wehren uns. Gerät aber die Kirche in die Bredouille, dann höre ich da ein Gequietsch wie von einer Katze, der man auf den Schwanz getreten hat: «Das Heiligste ist in Gefahr!» – Das

Heiligste ist in Gefahr? Dann müßt ihr das nicht auf den Kampfplatz schleppen – es fällt ja auch keinem Priester ein, mit dem Allerheiligsten, unbedeckt, in eine Elektrische zu steigen – weil *es* nämlich nur ein transportabler Gegenstand wäre, auf den Rücksicht zu nehmen unmöglich wäre. Also?

Also darf man sich nicht auf das «Heilige», auf das «religiöse Empfinden» zurückziehen, wenns einem grade paßt. Das ist nicht ehrlich. Die politische Partei des Zentrums muß sich gefallen lassen – genau wie alle andern Parteien auch – politisch bekämpft zu werden. Und das hat Ossietzky getan.

Zieht die Partei die Kirche in den Streit, so geht der Kampf auch um das Dogma – wir haben nicht angefangen.

Solange sich die Kirche damit begnügt, zu sagen: «Wir beerdigen keinen geschiedenen Mann kirchlich. Wir erkennen eine zweite Ehe nicht an – wir exkommunizieren. Wir halten den Ehebruch für eine schwere Sünde.» – solange haben wir andern zu schweigen. Weil man nämlich aus der Kirche austreten kann – und wer darin bleibt, der hat sich zu unterwerfen. Das ist eine innerkatholische Angelegenheit, die keinen andern berührt.

In dem Augenblick aber, wo die Kirche sich erdreistet, uns andern ihre Sittenanschauungen aufzwingen zu wollen –

unter gleichzeitiger Beschimpfung der Andersdenkenden als «Sünder» –

in dem Augenblick halte ich jede politische Waffe für erlaubt – auch den Hohn, grade den Hohn. Und zwar *nicht* den dummen, abgestandenen gegen die Pfarrersköchin – grade den lehne ich aus tiefstem Herzen ab. Bei euch wird gar nicht geheuchelt – nicht mehr jedenfalls als bei uns. Aber *blind* sind diese Leute, die das ungeheure Elend nicht sehen, das sie *da* heraufbeschwören. Kennen Sie das nicht? Gehen Sie einmal auf das Landgericht am Alexanderplatz und hören Sie sich da die fast stets öffentlichen Ehescheidungsverhandlungen an: wie da der Schmutz haushoch spritzt, wie da *auf Lügen hin* geschieden wird, alle wissen es: die Richter zu allererst, die Anwälte, die Parteien – aber unter dem geltenden Ehe*un*recht kann man sich nicht anders helfen. Das Soziale ist nämlich stärker. Das haben sogar die reichlich puritanischen Amerikaner begriffen. Was an und in der Kirche «ewig und unwandelbar» ist steht dahin – die sozialen Anschauungen gehören nicht dazu. – Der Ehebruch wird in weiten Kreisen nicht als außergewöhnlich und nicht als «unmoralisch» empfunden – womit eben *nicht* gesagt ist, daß wir ihn propagieren oder gar als schön empfinden. Aber zwischen nicht «schön» und einem Vergehen ist ein weites Feld. Das mag man kirchlich beackern – das Strafrecht hat hier nichts zu suchen. Und das sollte man nicht sagen dürfen –?

Es ist auch nicht richtig, solchen politischen Kämpfern wie Ossietzky Ignoranz vorzuwerfen. Wir sind keine Theologen. Wir haben nicht die Pflicht, uns mit den Finessen des kirchlichen Rechts zu befassen – wir befassen uns *nur* mit dem, was parteipolitisch dabei herauskommt. Die zugrunde liegende Philosophie mag gut sein – ich diskutiere das nicht. Wie sie sich sozial und politisch auswirkt –: das dürfte keiner Kritik unterliegen? Nein –? Ja.

Und mit Dreck werfen? Haben *wir uns* schon einmal beklagt, wenn ein Geistlicher *unsere* Ideale mit Dreck bewirft? Das tut er nicht? Ich danke. Haben wir «Sakrileg!» gerufen, wenn kostümierte Herren im Kriege zum Mord gehetzt haben? Meine Gefühle werden dadurch verletzt. Ich quietsche allerdings nicht. Ich schlage zurück. Trifft das einmal auf ein Kreuz –: das ist nicht meine Schuld. Ich habe es nicht in den Streit geholt.

3.) Immer, immer freut es mich, wenn Sie mir Ihre Einwände – auch die allerschärfsten – schreiben. Dazu habe ich immer Zeit. Eine kleine Anmerkung: wir sind ein bißchen weit voneinander. Wenn Sie manchmal schreiben «Bei euch da drüben muß man wahrscheinlich hinzufügen ...» dann muß ich in meinen stattlichen Bart lächeln. Sie haben mitunter von den Heiden eine Anschauung wie ein Monist von einem katholischen Pfarrer: der ist für ihn eine Schießbudenfigur, der immerzu mit seiner Köchin liebäugelt, säuft, in seinem tiefsten Herzen das Wort Gottes für Unfug hält und sich einen Bauch anmästet. Nun, und «die da drüben» glauben gar nicht von jeder Frau, die sich in geistiger Absicht nähert, daß nunmehr ein gewaltiger Flirt beginnen müsse – – ich möchte einmal *getroffen* werden, und nicht immerzu sehen, wie die Pfeile um mich herumsausen – und wenn sie dann so in der Wand neben mir zitternd stecken bleiben, dann muß ich mich furchtbar wundern.

4.) Also sollte bei Ihnen kein Mißtrauen da sein. Ich sagte Ihnen schon, daß ich niemals daran dächte, Ihre Formulierungen zu benutzen oder gar spöttisch zu veröffentlichen. Wenn ich mir einen hernehme, dann nehme ich mir einen Bischof oder einen Kardinal – also einen, der unwiderleglich die offizielle Meinung der Kirche wiedergibt. Nur das ist ehrlich.

5.) Wenn Sie mich einmal später mit einem Priester zusammenbrächten, so wäre mein letzter, aber mein allerletzter Gedanke: «Der will mich fangen.» Gibt es denn wirklich so viel Kirchengegner, die das glauben? Dummes Zeug. Der Kampf, den zum Beispiel Schreiber in Berlin führt, geht doch um anderes – der der «Katholischen Aktion» auch. Fangen? Ja, aber doch nicht so. Daran habe ich nie gedacht. Schon deshalb nicht, weil ich zu alt und noch nicht alt genug dazu bin.

6.) Wieso wissen Sie, daß «wir» etwas gegen das Zölibat haben? Vielleicht gibt es Männer unter uns, die nur arbeiten können, wenn keine Frau dabei ist. Vielleicht gibt es welche, die wissen, was Keuschheit für ein Kräftereservoir ist – von den politischen Momenten ganz zu schweigen.

7.) In Düsseldorf bin ich nicht gewesen. Ich hätte mich sehr gefreut, mit Herrn Schöllgen einmal zusammenzutreffen – ich habe große Sympathien für solche Naturen, und ich glaube, ich hätte manches dabei gelernt.

8.) (Ich antworte immer nach je einem Blick in Ihre Briefe – daher dieses Nebeneinander.): Sie verletzen mich nicht, wegen dick – dicke Leute sind nicht so leicht verletzt. Und langweilen? Nie.

9.) Dank für die Hefte Sonnenscheins. Ich werde mir wohl alle nachkommen lassen. Darüber schreibe ich im Blättchen. Das ist blitzehrlich, sauber, richtig, in Ordnung bis in die letzte Falte. Aber: Wanzenpülverchen, statt Ausräuchern. Dazu eine Verachtung Berlins, die mir nicht gefällt. Eine Stadt «geht nicht unter» – sie ist kein Kriegsschiff. Hier stimmt in der Rechnung etwas nicht. Sie geht vielleicht für die Kirche unter – aber das ist ein himmelweiter Unterschied. Darüber öffentlich.

10.) Der Gotteslästerungsprozeß des «*Eulenspiegels*» war mir bekannt. Ich habe mich mäuschenstill dazu verhalten. Ich halte *diese* Art Kampf für nicht richtig und habe mich auch niemals an solchen Aktionen beteiligt. So geht das nicht.

11.) Den Chesterton werde ich mir besorgen. Ich kenne alles, was er geschrieben hat (deutsch) – ich finde es herrlich – als Feuerwerk. Was nicht ausschließt, daß er ehrlich ist, ein ehrlicher Feuerwerker. Aber er setzt den Glauben voraus, zu dem er – vielleicht – bekehren will.

12.) Ludendorff und die katholische Kirche – unmöglich, darüber ernst zu schreiben. Ein Geisteskranker. Verschaffen Sie sich vielleicht einmal die Aufsätze, die Willy Haas in der «*Literarischen Welt*» darüber geschrieben hat – er zeigt das unterirdisch Theologische auf, das in diesem Wahnkranken zu finden ist. Das ist sehr interessant.

13.) Dank für Ihre Arbeiten, die Sie beigelegt haben. Es ist in der Gesinnung und im Grundgefühl sauber und rein – das Technische ist noch etwas wacklig – jetzt werden Sie mich furchtbar auslachen. Lesen Sie Wustmann «*Allerhand Sprachdummheiten*» – womit aber nicht gesagt sein soll, daß Sie welche gemacht haben. (Doch, eine: «ich entschließe mich zu letzterem» sollte mit einem Jahr Verbannung bestraft werden.) Wustmann ist eine sehr gute deutsche Grammatik.

14.) Nun habe ich alles gesagt – beinah alles.

Den Rest – beinah den ganzen Rest – werde ich also öffentlich sagen; das wird noch ein Weilchen dauern. Und dann bleibt ein winziger Rest ungesagt, was die Beziehungen zwi-

schen den Menschen mehr als reizvoll, nämlich wertvoll
macht.
Ihnen alles Gute wünschend,

bin ich
Ihr ergebener
Tucholsky

Post: Weltbühne 30-1-30

Verehrtes Fräulein Fuchs,
ich danke Ihnen schön für alle Sendungen – erst heute, weil
ich, wie Sie an der Briefmarke sehen, ein bißchen viel herum-
gereist bin. Daher dieser verspätete Dank. Wenn ich so un-
regelmäßig schreibe, so hat das keinen andern Grund ... ich
habe mich, wie Sie gelegentlich lesen werden, mit Ihnen sehr
intensiv beschäftigt, die Korrekturen sind grade nach Berlin
gegangen. Ich sende Ihnen für heute nur einen herzlichen
Gruß – in etwa vierzehn Tagen kann ich wieder an die Arbeit
gehen, und dann will ich Ihnen Punkt für Punkt ausführlich
antworten.
Lassen Sie es sich recht gut ergehen und seien Sie herzlichst
gegrüßt

von Ihrem wie stets ergebenen
Tucholsky

«Die Weltbühne» vom 4. Februar 1930

BRIEF AN EINE KATHOLIKIN

> Es kommt in der Politik nicht darauf
> an, wie eine Sache ist; es kommt dar-
> auf an, wie sie wirkt.

Sehr geehrte gnädige Frau,
Sie hatten die Freundlichkeit, einmal das zu tun, was in
Deutschland so selten ist: über den trennenden Graben hin-
über nicht mit faulen Äpfeln zu werfen, sondern Briefe von
Verstand zu Verstand zu schreiben. Händedruck und Dank.

Die Unterhaltung zwischen Freidenkern und Katholiken
geht gewöhnlich nach folgendem Schema vor sich. Die einen
sagen: «Heuchler! Reaktionäre! Volksverdummung! Dämli-
cher Aberglaube! Es lohnt nicht, mit diesen Leuten auch nur
ein Wort zu wechseln», und die andern sagen: «Heiden!
Gottlose! Volkszersetzung, Verkommenheit der neuen Zeit!
Es lohnt nicht, mit diesen Leuten auch nur ein Wort zu wechseln.» Auf so tiefer Ebene wollen wir unsere Unterhaltung
nicht führen – Ihr letzter Brief zeigt mir das. Ich will ihn
öffentlich beantworten.

Der Ausgangspunkt unsres Briefwechsels war der Artikel
Carl von Ossietzkys *«Das lädierte Sakrament»* (erschienen in
der Nummer 49 des vorigen Jahrgangs dieser Zeitschrift).
Sie und die Zentrumspresse sind recht böse gewesen: böse
über den Titel und böse über den Inhalt, darin gesagt wird,
daß die katholische Reichstags-Fronde gegen die Neurege-
lung der Ehescheidungsvorschriften nicht zu entschuldigen
ist. Es wird von der Ehenot gesprochen. «Wenn das katholische Muckertum», ist da gesagt, «noch immer tut, als han-
dele es sich hier um Einzelfälle, die durch ein Abschreckungs-
gesetz sogar noch vermindert werden können, so muß der
gesunde Menschenverstand endlich die Gegenfrage aufwer-
fen nach den wenigen kostbaren Exemplaren beiderlei Ge-

25

schlechts, die noch niemals neben die Ehe gegangen sind.»
Und: «Die heilige Kirche hat im Laufe ihrer langen wechsel-
vollen Geschichte die Gebresten der Zeit auch nicht immer
mit der gleichen Härte verfolgt, sie hat, wenn es sich um vor-
nehme Beichtkinder handelte, das Laster oft mehr mit der
Puderquaste gegeißelt als mit der Stachelpeitsche und im
ganzen die schweren Pönitenzen dem niedern Volk vorbehalten.» Und: «Der Begriff der Adultera, ob in eifernder Ver-
hetzung oder romantischer Verherrlichung gebraucht, ist dahin und tot wie die Beichtmoral vom Escorial oder von
Schönbrunn.»

Und darum Schwefel und Höllendrohung und die ganze
Verachtung, die – mit welchem Recht? – eine sehr mäßige
kirchliche Dialektik für jene aufbringt, die nicht ihrer Meinung sind? Welche Rolle spielt Ihre Kirche? Was will sie?

Sie will in erster Linie sich. Dagegen wäre nichts zu sagen,
wenn nicht stets der fatale Kunstgriff angewandt würde, mit
Berufung auf irrationale Größen Rationales zu verlangen. Sie
wissen, daß in der jungkatholischen Bewegung, die die Kirche nicht sprengen und nicht wandeln wird, bei aller vereh-
rungsvollster Anerkennung des kirchlichen Dogmas die Ta-
gespolitik des Zentrums auf das schärfste abgelehnt wird:
diese Bewegung, die den Weg aller katholischen Reform-
bewegungen gehen wird, nämlich den nach Rom, will die
Wechsler aus den Tempeln verjagen. Es wird ihr nicht gelin-
gen.

Was die Ehe angeht, so machen es sich Ihre Leute etwas
leicht.

Die Jesuiten statuieren in der «Germania» ein «Natur-
recht», auf dem die Ehe basiere – das wird behauptet, aber
nicht bewiesen, und an keiner Stelle wird deutlich, wie sehr
diese Anschauungen von der Familie der einer Klasse entspringen; diese Anschauungen sind gültig und nützlich für die
bürgerliche Klasse, und sie sollen gültig sein für die von den
Bürgern beherrschte Schicht, die sich heute freimachen will.
Darüber wäre zu reden.

Worüber gar nicht zu reden ist, ist dieses:

Die Kirche rollt durch die neue Zeit dahin wie ein rohes Ei. So etwas von Empfindlichkeit war überhaupt noch nicht da. Ein scharfes Wort, und ein ganzes Geheul bricht über unsereinen herein: Wir sind verletzt! Wehe! Sakrileg! Unsre religiösen Empfindungen . . .

Und die unsern –?

Halten Sie es für richtig, wenn fortgesetzt eine breite Schicht des deutschen Volkes als «sittenlos», «angefressen», «lasterhaft», «heidnisch» hingestellt und mit Vokabeln gebrandmarkt wird, die nur deshalb nicht treffen, weil sie einer vergangenen Zeit entlehnt sind? Nehmt ihr auf unsre Empfindungen Rücksicht? Ich zum Beispiel fühle mich verletzt, wenn ich einen katholischen Geistlichen vor Soldaten sehe, munter und frisch zum Mord hetzend, das Wort der Liebe in das Wort des Staates umfälschend – ich mag es nicht hören. Wer nimmt darauf Rücksicht? Ihre Leute nicht, gnädige Frau.

Die gehen neuerdings mit der Zeit mit, wie ein Kriegsgefangener, den ein übermütiger Husar ans Pferd gebunden hat. Zur Zeit haben sie es mit dem Sozialismus. Man wird dabei ein peinliches Gefühl nicht los: es ist ein Interesse, das die Kirche an den Arbeitern nimmt, dem gleich, mit dem sich eine Hausfrau für die Wanzen interessiert. Ihr fühlt die Not – aber ihr könnt sie nicht beheben, weil ihr ihre Quelle nicht sehen wollt. Sie wissen, wer auf dem rechten Flügel des Zentrums sitzt: Großindustrielle. Mit denen macht man keine soziale Politik.

Das will der neue berliner Bischof nicht wahr haben. Mit großem demagogischem Geschick hat sich der Mann in seiner Rede im Sportpalast zu Berlin eingeführt; das Ganze ging unter der Spitzmarke «Der Volksbischof für Berlin» vor sich, und es war viel von den arbeitenden Massen, der Wohnungsnot und der Arbeitslosigkeit die Rede. Das ist zunächst ganz echt, und dafür habt ihr einen strahlenden Beweis in eurer norddeutschen Geschichte. Und zwar sind das nicht nur, wie

Sie mit Recht schreiben, die zahllosen katholischen caritativen Verbände, die Anstalten, Klöster, Schulen, Priester, Krankenhäuser, die Tausende von selbstlos arbeitenden katholischen Krankenschwestern, die tätig sind bis zum letzten Hauch der Kraft – es ist das ein für den Berliner sichtbar gewesener Mann, der leider zu früh dahingegangen ist: es ist Carl Sonnenschein. Was dieser Mann Gutes getan hat, darf ihm nicht vergessen werden.

Von der andern Seite wird dann sogleich eingewendet: «Aber nicht umsonst. Was wird hier gemacht? Proselyten werden hier gemacht.» Nun, das halte ich nicht für richtig.

So gewiß sich die offizielle katholische Caritas ihre Zuwendungen oft politisch bezahlen läßt (daher auch die ständige katholische Aspiration nach dem Volkswohlfahrtsministerium, das die Verteilung der großen Fonds bestimmt): so gewiß haben Sonnenschein und die ihm geistig verwandten Katholiken keine Proselyten gemacht und machen wollen. Wie ja denn überhaupt der allgemein verbreitete Glaube, die katholischen Priester lauerten nur darauf, Andersgläubige einzufangen, eine Bilderbuchvorstellung ist. Die katholische Kirche versucht zwar stets mit den schärfsten Mitteln, bei gemischten Ehen den protestantischen Teil und vor allem die Kinder zu sich hinüberzuziehen – aber die Bekehrungssucht im ganzen ist doch in Europa bei ihr recht schwach ausgebildet. Man wird eher im Gegenteil finden, daß katholische Priester dem Renegaten gegenüber sehr zurückhaltend, sehr skeptisch und sehr abwartend sind – mit Recht übrigens. Ihr habt viel Gutes getan; man soll es euch danken und nicht hinter jeder wohltätigen Handlung die kalte Berechnung des Kundenfangs sehen. Sonnenschein hat sie nicht gehabt; der berliner Bischof hat sie vielleicht, wenn man an weite politische Betrachtungsweise denkt – im ganzen habt ihr sie nicht. Ihr wollt wiedereinfangen; einfangen wollt ihr nicht.

Der Bischof und Sonnenschein nun machen einen gewaltigen Fehler: sie denken nicht zu Ende. Man sehe sich daraufhin die große Rede des Bischofs an (publiziert in der *«Ger-*

mania» vom 2. November), und man wird finden: Diagnose richtig, Therapie unzureichend. Da sieht der Kommunismus viel weiter, der richtig lehrt, daß noch niemals eine herrschende Klasse ihre Privilegien freiwillig abgegeben habe – nicht einmal die Kirche hat das getan. Sehr gut steht in jenem Aufsatz Ossietzkys: «Man sieht: wo die Kirche einer unaufhaltsamen Entwicklung gegenüberstand, da zog sie der folgenschweren Auseinandersetzung stets das Arrangement im stillen vor.» Das heißt: sie verhandelte, und sie verhandelte, wie auf der Welt immer verhandelt wird, von Macht zu Macht, niemals von Macht zur Machtlosigkeit. So ist es auch im großen Wirtschaftskampf: Werkgemeinschaft und sozialer Ausgleich im guten und alles das sind Fliegenfänger; die Dummen bleiben daran hängen und summsen nachher mächtig, weil sie kleben geblieben sind. Das Christentum braucht nur ein Jahrtausend in seiner Geschichte zurückzublättern: im Anfang war es wohl die Güte, die diese Religion hat gebären helfen – zur Macht gebracht hat sie die Gewalt.

Von der wollte Carl Sonnenschein nichts wissen. Mit einer Opferbereitschaft, die nicht alltäglich ist, wirkte er Gutes, wie er es verstand; an seiner Reinheit, an seiner Uneigennützigkeit ist kein Zweifel erlaubt. Aber ...

Wenn ein Ehepaar, das sich in einer Zweizimmerwohnung auseinandergelebt hat, so ein Kapitelchen wie *«Ehescheidung»* liest, das in Sonnenscheins *«Notizen»* zu finden ist (erschienen im Verlag der *«Germania»*, Berlin) – so ist dem Ehepaar damit nicht geholfen. Auch uns andern ist mit Carl Sonnenschein nicht geholfen.

Die Kirche hat zu allem Nicht-Katholischen ein sonderbares Verhältnis, an dem das Peinlichste ein durchaus falsch angebrachtes Mitleid ist. So hat Sonnenschein das Imperium Romanum vor Christi Wirken beurteilt: «Nirgendwo mehr ein aufrechter Mann. Nirgendwo mehr eine keusche Familie» ... man kann das damalige bäuerliche Leben nicht gut falscher sehen, und genau so mitleidig-verachtungsvoll sieht er auf die Großstadt, auf «Berlin», in welchem Wort bei ihm viel provinzielle Nebenbegriffe mitschwingen. Wie da geraubte Jungfräulichkeit, Syphilis, Unkeuschheit und mangelnder Kirchenbesuch in dieselbe Reihe gesetzt werden; wie die wirtschaftliche Basis des Großstadtelends fast überall nur gestreift, nie aber ernstlich bekämpft wird –: das läßt einen denn doch eiligen Schritts in die Front des Klassenkampfes gehen. Manchmal lüftet sich der Vorhang ... «Hausfrauen aus jüdischen, rationalistischen Familien haben mir gesagt, daß sie Dienstboten mit Jenseitsdressur denen mit Diesseitskultur vorziehen. Daß sie im Eventualfall katholische Hausangestellte, die jeden Sonntag in die Messe und Ostern zu den Sakramenten gehen, in Kauf nehmen. Statt monistischer, die sich ganz auf das Diesseits einrichten.» Das hätte einmal unsereiner schreiben sollen! Nicht schlafen können hätte man nachts vor dem Geheul und Gebelfer eifriger Katholiken. Aber Sonnenschein hat zutiefst recht: dieser Glaube ist gut. Nämlich gut für die dienenden Klassen. So verharren sie im Gehorsam.

Der neue katholische Bischof Berlins wird mitsamt der von Herrn Klausener emsig betriebenen Katholischen Aktion, die an Geistigkeit von der auf den Index gesetzten «Action Française» meilenweit entfernt ist, viel Gutes tun, und es wird nicht ausreichen. Mir will dieser Pseudosozialismus nicht eingehen, diese Zwangsbewegung einer Gruppe, die mit dem Herzen bei den kleinen Leuten und mit dem Portemonnaie bei den Großen ist. Sie, verehrte gnädige Frau, leben in Berlin und werden vielleicht die katholische Provinz nicht so kennen, die deutsche Provinz mit ihren unsäglichen frommen Käsblättchen. Die kompromittieren Ihre Religion, die sie ununterbrochen im Munde führen, und das mit einer Unduldsamkeit, die so gar nicht christlich anmutet ... Neulich habe ich in Wiesbaden einen Vortrag gehalten; tags darauf tobte sich in der *«Rheinischen Volkszeitung»* und im *«Neuen Mainzer Journal»* ein Mann aus (wie man mir erzählt hat, ein getaufter Jude), namens Karl Goldbach. «Er hat den Katholizismus mit einem Klosett mit Wasserspülung verglichen», schrieb er. Kein Wort davon ist wahr – aber so sieht in Mainz die geistige Polemik der Katholiken aus. So wie Sonnenschein bei den patriotischen Kriegskatholiken steht, nicht bedenkend, daß Opfer an sich noch gar nichts sind, wenn die Sache, für die sie gebracht werden, nicht gut ist – so steht ein Teil der Zentrumspresse in verdächtiger Nähe der Nationalsozialisten, die diese Kameradschaft gar nicht wünschen. Aber die Fronten des Zentrums wechseln ... Im ganzen ist es wohl so, daß diese Partei immer wartet, wer beim Kampf die Oberhand behält; bei dem ist sie dann. Sonnenschein drückt das anläßlich der Ereignisse von 1918 so aus: «Jede Obrigkeit kommt von Gott.» Und der Bischof Schreiber so: «Dann kam die Revolution. Als Auflehnung, als gewaltsame Auflehnung gegen die damalige rechtmäßige Autorität war sie ein Unrecht. Dann aber haben die regierenden Fürsten ihre rechtmäßige Gewalt in die Hände des Volkes gelegt und haben dem Volk auf Grund ihrer früheren rechtmäßigen Gewalt die Entscheidung übergeben über die Festsetzung der Staatsform, ob die Monarchie bleiben solle oder ob eine andere Staatsform an ihre Stelle treten solle.» Die Nachfolge Christi ... die Nachfolge der Hohenzollern ... Und wenn die Fürsten diese Formalität nun nicht erfüllt hätten, dann könnte der Bischof Schreiber sich nach einer neuen Ausrede umsehen, weshalb er heute «bejahend zum Staat» steht. Der übrigens der Kirche gibt, was der Kirche ist, und noch ein bißchen mehr. Nein, so geht es nicht.

Gewiß, gnädige Frau, Sie und Ihre Leute stehen mitunter groß da, weil Sie so kleine Gegner haben. Von Ludendorff soll unter vernünftigen Menschen nicht die Rede sein, nicht von seiner Stammtischphantasie, die den Jesuitismus, das Freimaurertum und die Päpste wild durcheinander würfelt, wie es nur ein bierbeglänzter Generalsschädel auszudenken vermag ... das gehort nach Bayern und soll nur dort bleiben. Auch die etwas klobigen Gottes- und Kirchenlästerungen, denen Sie manchmal ausgesetzt sind, haben nicht meinen Beifall. Damit, daß man die Kapläne als Mädchenverführer und heuchelnde Köchinnenbeischläfer hinstellt, ist keiner Sache gedient – nicht der unsern, nicht der der Arbeiter. Aber wie kommt es, daß Sie so wenig Ihnen ebenbürtige Gegner in der großen Tagespresse haben? Sie erlauben mir hier ein notwendiges Wort über die deutschen Juden.

Deren Toleranz der Kirche gegenüber setzt sich zusammen aus Pogromangst und einer innern Unsicherheit, die bis zum bösen Gewissen geht. Hätten die deutschen Nationalisten nicht diese fast tierische Stalldumpfheit von pommerschen Bereitern aus dem vorigen Jahrhundert: sie hätten längst auf die allerdings zugkräftige Volksparole «Haut die Juden!» verzichtet – und drei Viertel der deutschen Juden säßen heute da, wo sie klassenmäßig hingehören: bei der Deutschen Volkspartei. Sie tun es nicht, weil sie der Antisemitismus abstößt; sie tun es zum Teil doch, weil ihnen ihr Bankkonto lieber ist als eine Religion, von der sie nur noch das Weihnachtsfest und die *«Frankfurter Zeitung»* halten. Von der winzig kleinen Minorität der National-Juden unter Führung eines schon von Siegfried Jacobsohn rechtens vermöbelten Herrn Naumann will ich gar nicht sprechen: gefüllte Milz mit einem Stahlhelm ist wohl nicht das Richtige. Aber jene friedlich dahin verdienenden Hausjuden, die aufatmen, daß wenigstens Lenin nicht einer der ihren gewesen ist, jene israelitischen Familienblättchen, beschnittene Gartenlauben, errichtet im Stil von Sarah Courths-Mahlersohn ... diese Leute sollen dem deutschen Volk das rituelle Schächtmesser in den Rücken gestoßen haben? Dazu sind sie viel zu feige. Nie täten sie das.

Und diese Sorte, die da glaubt, Unauffälligkeit sei ein Kampfmittel, hat vor nichts so viel Furcht wie vor öffentlichen Diskussionen mit andern Religionen. Kurt Hiller hat den endgültigen Trennungsstrich gezogen: den zwischen Aron-Juden und Moses-Juden. Von den Aron-Juden hat der Katholizismus nichts zu befürchten. Die große Presse ist sehr ängstlich, wenn es um die Konkordate geht, um die Sabotage der Reichstagsarbeiten durch das Zentrum bezüglich der

Ehescheidung – es ist sehr still in diesen Blättern, wo es sonst so sehr laut ist. Angst, Angst ...

Und so berührt es denn doppelt komisch, wenn der Bischof Schreiber und seine Blätter sich nicht lassen können: Ungeschmälerte Parität! auch wir verlangen unsern Platz an der Sonne ... als ob es nicht dunkel wäre in Deutschland, weil eine Soutane das Sonnenlicht schwärzt. Ihr habt, was ihr braucht, aber es genügt euch nicht.

Und eben dagegen wehrt sich die Arbeiterschaft. Vielleicht manchmal ein bißchen plump, vielleicht zu grob, weil sie den feinen Mitteln, mit denen ihr die Frauen des kleinen Mittelstandes bearbeitet, nicht gewachsen ist. Diese eure Arbeit ist systematisch: auch drüben in Frankreich sind besonders die Jesuiten in der Arbeiterschaft am Werk («Christe dans la banlieue» – Christus in der Vorstadt), überall in der Welt geschieht es. Ihr macht Politik. Ihr greift in die Politik ein? Die Politik antwortet euch. Stellt die Orgeln ab und schreit nicht, man habe euch verletzt. Auch ihr verletzt die andern, auch ihr verletzt uns.

Sie sehen, sehr verehrte gnädige Frau, daß hier kein patentierter Freidenker spricht. Keiner, der da glaubt, mit einer Feuerverbrennungskasse sei die Glaubensfrage gelöst. Solange aber die katholische Kirche in allen entscheidenden Fragen bei den Unterdrückern ist, solange sei es jedem verständigen und klassenbewußten Arbeiter, jedem Angestellten empfohlen, aus der Kirche auszutreten. Auch gegen die Gefühle ihrer Frauen, die zu erziehen sind – so, wie ihr sie verzogen habt. Ich schmähe die Kirche nicht, ich schmähe ihre Diener nicht. Beschränkt ihr euch auf das geistige Gebiet, so sei Diskussion zwischen uns, Debatte und Gedankenaustausch.

Macht ihr reaktionäre Politik –: auch dann ist die Sauberkeit eurer Überzeugung und die Heiligkeit einer Sache zu ehren, die andern nicht heilig ist. Dann aber sei zwischen uns Kampf. Der Sieg wird nicht bei euch sein – sondern bei den Werktätigen der ganzen Welt.

Sehr verehrtes Fräulein Fuchs,

ganz oder gar nicht ... daher die verspätete Beantwortung. Ich hatte ein bißchen viel um die Ohren, Arbeit, Reisen pp – und ich mag grade an *Sie* nicht so schreiben, mit «schönen Dank für Ihre Briefe, die mich sehr interessiert haben ...» daher habe ich mir diesen Brief aufgespart. Ich bitte Sie ausdrücklich, mir das nicht krumm zu nehmen – es sind keinerlei Hintergedanken dabei. Ich wäre ehrlich genug, Ihnen das zu sagen. Jetzt gehts los.

Also da liegen alle Ihre Briefe vor mir ... und ich habe sie zweimal sorgfältig gelesen, einmal mit Bleistift, einmal ohne. Bevor ich im einzelnen antworte, wollen wir erst mal das Katholische besingen. Ich unterscheide strictissime zwischen:

dem Katholizismus und der katholischen politischen Zentrumspartei.

Über die Religion kann ich nur sehr vorsichtig mitreden. Meine Kenntnisse sind nicht die eines Theologen; ich bin nicht in diesem Glauben aufgezogen ... ich darf also nur tastend sprechen. Resultat: Ablehnung des Grundgehalts, mit dem ich nichts anfangen kann, dem ich nur verstandesmäßig nahe (oder weit) komme – große Bewunderung vor dem Denkgebäude, der Architektonik dieser Gehirne und des Aufbaus ... Beziehungslosigkeit zum Kern.

Was die Partei angeht: Dank für ihre Haltung in den Jahren 1918–1923, 24 ... vor allem in der Außenpolitik, wo die Leute sehr viel für Deutschland (und dabei legitim immer für sich) getan haben. Schärfste, unbedingte, frechste Ablehnung ihrer innerpolitischen Haltung. Wieweit die von der Religion beeinflußt ist, kann ich nicht sagen. (Tant pis pour elle.) Das geht nicht. Diese Haltung in: Ehescheidung, Prostitution, Bekämpfung der Geschlechtskrankheiten; Strafvollzug, Militär ... also nein, nein und nochmals nein. Es ist einfach nicht wahr, daß das dem «praktischen Leben verbunden» ist. Das ist, halten zu Gnaden, ein einziges Malheur (ich drücke mich so fein aus, mir wird noch der Mund abbrechen). Ich bin weder ein Pornograph noch ein Anhänger jener flachen «freien Liebe», die mir in ihren Grundzügen selbstverständlich ist, und deren Ausposaunung für unbefriedigte Damen beiderlei Geschlechts höchst fatal ist ... Sie sehen auch aus meinem Geschreibe, daß ich noch andere Sorgen habe als diese – aber das, was die Partei treibt, ist scheußlich. Reinhaltung? Das ist so verlogen, so durch und durch unwahr und vor allem – und nur darauf kommts an:

im *Effekt* derart verderblich, daß ich jeden Kampf auch im Verein mit solchen, die mir nicht immer sehr sympathisch sind, mitmache. Man muß diese Mittelstandsreden geschwollener Kleinbürger lesen: «Vom religiösen Standpunkt aus...» und auf diese Weise wird dann so viel Gutes verhindert – denn es *ist* gut, wenn Leute über das Wesen der Syphilis aufgeklärt werden; wenn eine reinlich gebürstete Badestubenatmosphäre herrscht ... ich habe schon tausendmal geschrieben: Es ist zweierlei nötig: die ökonomische Grundbedingung des Lebens zu verbessern, also ein Minimum für den Arbeitenden herauszuholen, das menschenwürdig ist – und ihm eine gewisse Gelassenheit beizubringen. («Unsittlichkeit» wird nur überwunden, wenn sie ausgelacht wird. Ich sehe mir keine unanständigen Bilder an, weil sie mich langweilen. Ich bin fertig mit ihnen. Aber ich fange nicht an, zu kollern, wenn welche da sind.)

Das und nur das ist der Grund meines Kampfes. Das Gute, das die Partei daneben leistet, verschwindet vor dem Bösen. So sehe ich das.

Dies von der Seele getippt haben, zu Ihren Briefen.

Natürlich bemühe ich mich, «Euch» zu verstehen. Das ist glaubensmäßig sehr schwer – politisch schon eher möglich. Ich glaube nicht, daß ich in achtzehn Jahren Literatur jemals den Fehler begangen hätte, das Zentrum und nun gar die Kirche mit Clichéphrasen zu bekämpfen. Ich lehne das ab. Es gibt selbstverständlich unwürdige Priester, Scheinheilige,

Dummköpfe ... alles, was man will. Die gibts unter den Kommunisten (zu denen ich nicht gehöre) auch; die gibts überall. Maßgebend ist der unterste, der, den die Gruppe noch grade duldet – und maßgebend ist das Durchschnittsniveau. Das scheint mir im deutschen Katholizismus nicht gar so übermäßig hoch zu liegen ... aber wo täte es das!

Sie schreiben von dem Jammer, den Sie in der Caritas zu sehen bekommen. Seine Linderung ist gut – bravo. Aber wie nun, wenn einer weiter denkt? Wenn einer sich überlegt: Woran liegt es, daß es soweit kommen kann und immer wieder so kommen muß? Natur? Dummes Zeug. Es ist auch «natürlich», daß die Cholera im Mittelalter gewütet hat – und heute tut sie das nicht mehr, weil man zivilisatorisch gegen sie vorgegangen ist. Das ist, wie Sie richtig schreiben, nicht der Weisheit letzter Schluß; aber es ist schon sehr viel. Mit der Seele allein ist es nicht zu machen; niemals. (Mit der Badewanne allein auch nicht. Aber ein gebadeter Arbeiter ist die Grundbedingung alles andern. Badewanne als Allegorie gesetzt.) Vom Diesseitigen her kann man gar nichts lösen – Sie haben ganz recht. Aber es soll zunächst nichts «gelöst» werden – es soll nicht gehungert, nicht krepiert, nicht unnütz geblutet werden; die Leute sollen, wenn sie arbeiten, arbeiten können, sie sollen eine menschenwürdige Wohnung haben ... eben jenes Minimum. Das können sie nicht haben, wenn man Güter so verteilt. Wem dient die Kirche?

Daß mit solchem Kampf für die primitiven Dinge des Lebens nichts für eine gute und hohe Sterbestunde getan ist, weiß ich selber. Aber man stirbt eine Sekunde und lebt sechzig Jahre. Diese Qual der Arbeitenden ist niedrig; wer sie deckt, ist mitschuldig. Die Lehren der Kirche in diesem Punkt sind zum mindesten höchst zweideutig; das Verhalten der Partei eindeutig.

Sie fragen: «Wie ist das, wenn man kein Weihnachten hat?» Na, danke – es geht. Es geht wirklich sehr gut. Ein schöner Vers eines Freundes besagt:

36

Frei – das heißt doch wohl: befreit.

Ich will mich gern auslachen lassen – aber ich vermisse nichts.

Sicherlich sind diese Unterhaltungen von Ihnen zu mir und umgekehrt voll von Mißverständnissen. Man müßte über das zu verwendende Vokabular ein Jahr diskutieren und jeden Begriff festlegen; auf den Flaschen stehen manchmal gleiche Etiketts, bei verschiedenem Inhalt. Man kann also nur mit gutem Willen sich nähern.

Und der Kernpunkt Ihrer Briefe scheint mir jene Stelle zu sein, wo Sie sagen: «In dem Augenblick, wo der Katholik nicht mehr glaubt, daß *er* das richtige Glas hat, durch das man die Dinge sieht ...» Voilà. Eben das weiß ich seit Jahren: Stärke aus Borniertheit. «*Mein* Glas ist das richtige – sonst bricht alles zusammen. Nur meines. Kein andres.» Du lieber Gott ... Ich weiß, wieviel Schwäche in den Leuten ist, die alles «relativ» sehen – so ists nicht gemeint. Aber Sie müssen mir schon erlauben, an der Stabilität dieser Eselsbrücke zu zweifeln. Sie ist eine Hilfskonstruktion für den Glauben; man darf aber nicht von andern verlangen, daß sie das ernst nehmen. So ist die menschliche Seele konstruiert; so braucht sie es – anders kann sie nicht leben: als unbedingt zu glauben. Aber ich doch nicht! Aber wir andern doch nicht! Glaubt, aber legt diese schreckliche Attitüde der Überheblichkeit, der bescheiden tuenden Superiorität ab – es hilft ja doch nichts.

Daß man sich – Über die Köpfe hinweg, Bruder, reich mir die Hand – dennoch verstehen kann, scheint mir ein Beweis für die Nichtausschließlichkeit des Dogmas. Es gibt eben noch etwas *darüber* – Eros, was weiß ich ... und *das* bestimmt die Beziehungen zwischen den Menschen endgültig, weil eben dies – im Gegensatz zum Dogma – nicht von Menschen gemacht ist. Das ist da.

Ich werde mich immer sehr freuen, wenn Sie mir etwas zum Lesen schicken. Bitte vermerken Sie stets, ob Sie es zurückhaben wollen; selbstverständlich schicke ich es sofort zurück.

Ich habe hier noch den Sonnenschein – soll der zurückgehen? (Ich brauche ihn nicht.)

Die Schilderung des mißglückten Weihnachsfestes für die Armen hat mich nicht überrascht; sie hat mir nur gezeigt, was Sie für eine anständige Gesinnung haben. Seien Sie überzeugt: wenn ich dabei gewesen wäre, hätte ich *nicht* gesagt: «Aha. Da sieht mans.» Solche Dinge sind doch nur regional und temporär, nicht grundsätzlich bedeutsam. Es gibt auch andere Priester, die einen höheren Begriff von ihrem Amt haben und vor allem mehr Herzenstakt.

Richtig: Die Evangelienerklärungen Sonnenscheins. Ja, also die haben mir nun gar nicht gefallen. Es liegt das daran, daß der Ungläubige die Religion gern sehr mystisch hat – dies ist bewußt klar fotografiert – es erscheint dem, der das Myste-rium nicht bereits in sich aufgesogen hat, als, verzeihen Sie, sehr platt. Es ist so im Zeitungsstil gehalten ... daraus kann ich mir gar nichts nehmen. Für den Tod, aus dem ja alles die-ses kommt, nun schon gar nichts.

«Hochland» lese ich gern von Zeit zu Zeit. Ich kenne das Blatt.

Was das Persönliche angeht: ich bin gar nicht über Berlin ge-fahren, sondern über die einzige deutsche Stadt, in der ich leben könnte: über Hamburg. Das ist bezaubernd. Und nun sitze ich hier im blauen Schnee und denke nach, warum mir wohl so wenig einfällt ...

Und Sie –? Alles, was Sie über sich geschrieben haben, hat mich sehr ergriffen. In einem der ersten Briefe stand: «Ich muß einmal zu einer Ärztin gehen, wegen der Erschöpfung ... sie hat gesagt: viel Wärme und Freude.» Ich bin einmal mit einer Ärztin verheiratet gewesen (einer ganz besonders hoch-stehenden Frau), und ich habe daher die Gewohnheit erwor-ben, über diese Dinge klar, kalt und ohne Herzklopfen zu reden. Als ich diese Stelle las, übersetzte ich mir das Rezept. Dann las ich in einem der andern Briefe Ihre Geschichte.

Ja ... Also zunächst: mein Herr Berufskollege hat da aber

schrecklich versagt. Wie kann man so empfindlich sein? Was ist das für eine Torheit, die Beziehung zu einem Menschen von einer Buchkritik abhängig zu machen? Nun, er kann sich nicht mehr wehren ...

Ich glaube nicht, daß Sie genügend von Frauen wissen, um selber zu empfinden, ein wie starker Zauber von Ihrer fraulichen Persönlichkeit ausgeht. Ich lebe nicht in Berlin; ich komme vorläufig nicht nach Deutschland – dies ist kein Liebesbrief. Ich sage das, wie es ist. Also Sie wissen das nicht – gut. Ich bin aber nicht jung genug, um Ihnen nun den üblichen Rat zu geben. Das wäre nicht richtig gehandelt. Sie zerbrächen daran. Wie ich aus Ihrem Schweigen in der Kantstraße gehört habe (es war wie Musik) – geben Sie sich dann ganz; Sie können, wie Sie einmal sind, kaum verstehen, daß ein Mann, daß *der* Mann im Januar wirklich echt und herzlich liebt und im Juni gelangweilt am Telefon sagt: «Ich habe keine Zeit...» die Natur hat Sie nun einmal so gemacht. Ich weiß bis in die letzte Fingerspitze, was Sie meinen: Zusammensein und Zusammenerleben am Tage ist viel, viel wichtiger für Sie als der Rest. Das ist klar. Aber wie Ihnen aus der Einsamkeit helfen? Sie *fliehen* oft in die Arbeit, und – verzeihen Sie mir – vielleicht auch manchmal in die Religion. Man hat Ihnen gesagt, wie einmalig, wie unwiderruflich das alles ist – Sie sind davon überzeugt, ich will Sie nicht mit einer andern Meinung beunruhigen. Ich wünsche Ihnen nur, daß Sie einmal auf einen Mann stoßen, der Ihnen das gibt, was Sie so bitternötig brauchen: Zweisamkeit auf die Dauer. Denn es gibt ja so etwas wie Glück wohl nur auf den äußersten Polen: in einer völligen gläubigen Ruhe im Religiösen oder, auf der andern Seite: in einer fest gegründeten Gelassenheit, die ein Nachterlebnis ästhetisch und sauber gestaltet und im übrigen es für das nimmt, was es dort ist. (Nicht zynisch.)

Geht einer aus einem Lager in das andere, pflegt das ein Malheur zu geben. Tun Sies nicht.

Resumé: quälen Sie sich nicht zu sehr. Es gibt doch, wie Sie mir immer wieder richtig geschrieben haben, einen *fröhlichen*

Katholizismus – einen lebensbejahenden, einen rheinischen, zum Beispiel – *da* sollten Sie sich etwas holen: Leben, Arbeit, einen Mann, einen Freund, eine Freundin ... *da* ist es.

Ja, das wärs. Dank für das Anerbieten des Briefwechsels mit Claudel. Mit Rivière habe ich in Paris korrespondiert; ich habe ihn nie gesehen. Mir ist das sehr fremd, was da gemacht wird – mit den Plackereien der französischen Katholiken kann ich gar nichts anfangen. Und da es bei einem großen Amerikaner einmal heißt:

Allem Meinigen sollst du ein Deiniges gegenübersetzen – so gehe ich aus meinem Bau nicht gern heraus: Wie ich überhaupt jeder Religion gegenüber empfinde: Mit genau derselben Stärke, mit genau derselben Berechtigung, mit der Ihr lebt – lebe ich auch. Ich habe mit Euch zu rechnen? Ihr habt mit mir zu rechnen.

Ich freue mich immer sehr, von Ihnen zu hören. Eine Rücksicht, die ich nicht erklären kann, doch: nicht erklären möchte – hat mich abgehalten, unsere Begegnung in Berlin in Verse zu setzen – man hätte das gekonnt. Aber es hätte Sie an einer entscheidenden Stelle verletzt, obgleich es gar nicht gegen Sie ging; es wäre ein Vulkanausbruch geworden ... man soll das nicht, wenn die Objekte es kontrollieren können.

Man sollte Sie streicheln.

Mit den herzlichsten Grüßen
wie immer Ihr
Tucholsky

Ihre Briefe sind literarisch viel besser als Ihre gedruckten Arbeiten. (Das können Sie aber bewußt nicht nachahmen – dann würde es unwahr werden.) Der *Ton* der Artikel ist mir zu ... bonbonrosa. Man soll empfindend sein, nicht empfindsam. Entschuldigen Sie das krasse Urteil – ich kann in der Literatur nicht lügen. Sie erreichten auch mit kalter, gebosselter Härte viel mehr.

Post: Weltbühne
10–5–30

Sehr verehrtes Fräulein Fuchs,
fangen wir also mit Novalis an:

«Wer keinen Sinn für Religion hätte – müßte doch an ihrer Stelle etwas haben, was für ihn das wäre, was andern die Religion ist, und daraus mögen wohl viel Streite entstehn; da beide Gegenstände und Sinne Ähnlichkeit haben müssen und jeder dieselben Worte für das seinige braucht, und doch beide ganz verschieden sind – so muß daraus manche Konfusion entspringen.»

Das kann man wohl sagen. Und hören wir sodann den großen Lichtenberg:

«Die Geistlichen machen einen Lärm, wenn sie einen Mann sehen, der frei denkt, wie Hennen, die unter ihren Jungen ein Entchen haben, welches ins Wasser geht. Sie bedenken nicht, daß diese Leute in diesem Element so sicher leben als sie im Trocknen.»

Na, dann guten Tag auch. Indem dieses der erste fast ganz halb grippefreie Tag ist, so sehe ich denn diesen Berg Briefe aufgeschichtet, und ich picke mir also dies und das heraus . . . weil ich gar so viel versäumt habe.

Zunächst etwas Grundsätzliches. Ich trenne in allen Briefen an Sie und nicht nur in diesen Briefen auf das schärfste: die metaphysische Welt der Dogmen ——— und die Politik der Kirche. Das ist ein dicker Strich.

Über die Glaubenssachen äußere ich mich nur sehr vorsichtig. Vielleicht bin ich, wie jener sagt, religiös unmusikalisch – mein Herz schlägt nicht schneller, wenn einer Orgel spielt – die kirchlichen Einwände gegen Nietzsche scheinen mir dünn . . . aber da lasse ich mich belehren.

41

Worin ich mich aber gar nicht belehren lasse, ist die Politik. Wie können Sie so etwas schreiben, nachdem Sie die IFA besucht haben! Sehen Sie nicht, daß sich diese Leute *wehren –*? Gegen ein Konkordat, das sie nicht unterschrieben haben, und das man ihnen aufgezwungen hat gegen den Zwang, ihre Kinder mit Religion besprühen zu lassen, im gefährlichsten Alter – wohin käme die Kirche, wenn sich jeder nach dem 16. Jahr entscheiden dürfte ...! Ich bejahe die Einzelheiten der IFA nicht, ich kenne sie auch nicht genau – aber der Grundzug ist doch richtig: der Glaube soll frei sein – auch der Unglaube – auch für die Ungläubigen. Das ist er aber nicht.

Demgegenüber nehme ichs im einzelnen nicht gar so wichtig. Was Sie da über mich geschrieben haben, ist Ihr gutes Recht – wie überhaupt im Kampf jeder zurückschlagen mag, wie er will. Das ist mir gleich. Was die gute *«Germania»* angeht ... Nun sehen Sie einmal dieses hier:

> teilweise sind die Beziehungen zu Raynal und Remarque sogar auffallend. So, wenn Sulphart, einer der Hauptakteure bei Dorgelès, seine gefallenen Kameraden zum letzten Appell vor sein geistiges Auge hintreten läßt (man denke an die Totenparade bei Raynal), aber wenn das Essenfassen an der Feldküche in Einzelheiten gezeichnet wird, oder aber – *und in diesem Falle gehen wir mit Dorgelès ebensowenig mit wie mit Remarque –* wenn er von den erwachten Leidenschaften redet, obwohl er es versteht, die Versuchung in eine schwere Enttäuschung, in einem furchtbaren Kontrast ausklingen zu lassen: statt in ein Freudenhaus gelangen die Poilus in ein Trauerhaus. Der weiße Blumenstrauß über der Haustür bedeutet den Tod eines Kindes. – Allerdings hat Dorgelès in allen

Sie geht nicht mit – wie nett! Von den dreißig Millionen, die da draußen herumgetrudelt sind (unter frdl. Assistenz ihrer Kirchen), sind vielleicht zwanzig, wenn sie es gekonnt

haben, zu den Frauenzimmern gelaufen. Aber da geht die
«*Germania*» nicht mit . . . Schade. Sie hätte etwas lernen können. Nämlich einen Zipfel der Wahrheit hätte sie zu sehen
bekommen. Welche Köpfe!

Rivière. Weil Sie der Mann so interessiert, anbei seine
Handschrift. (Bitte, Sie können das behalten.) Ich habe ihn
dann nicht aufgesucht . . . der französische Literaturbetrieb
ist mir nie angenehm gewesen. Ja, und das Buch . . . Französisch habe ich es versucht und gleich weggelegt – jetzt habe
ich auf Ihr Anraten ausführlicher hineingesehen . . . Ja, ja,
gewiß . . . es ist alles ganz ehrlich und besonders von seiner
Seite her rührend . . . Aber wenn ich dann den Dicken auf der
andern Seite sehe, dann frage ich mich immer wieder: Für ihn
ist das gut, die Religion. Bien. Aber auch für die andern? Herr
Claudel ist ein sehr weltlicher Bürger (nicht einmal ein besonders guter Diplomat) – ist er nun *besser* als ein Ungläubiger? Oder nur, für sich glücklicher? Geben Sie mich verloren – das geht mich alles nichts an.

Sie zeigen mir so nette Details und sagen: Sieh mal – dies
ist bei der Kirche so und jenes so . . . Gewiß doch. Aber wie
böse die Herren werden, wenn man ihre «Magie», ihre «To-
talität» zu erklären versucht und auch erklärt . . . Das unter-
scheidet sich in gar nichts von Herrn Hitler – der macht das
auch, wenns nicht weiter geht, mit dem Glauben. Guardini:
«Das Gesagte bezieht sich nur auf das, was an der Kirche für
eine soziologische Betrachtungsweise faßbar ist. Was die Kirche, ihr sachliches Wesen, ist, kann nie apriori konstruiert werden. Es gibt keine Philosophie der Kirche, sobald man darunter mehr versteht als die Betrachtung jener gesellschaft-
lichen Erscheinungen an ihr, die auch an natürlichen Gemein-
schaftsgebilden auftreten, und die an der Kirche wiederkeh-
ren, weil sie eben eine Gemeinschaft von Menschen ist. *Aber
selbst diese Erscheinungen sind in der Kirche von den übrigen
Gesellschaftsgebilden verschieden; auch ihrer natürlichen Seite
nach ist die Kirche etwas Einzigartiges.*» Das möchte ihm so
passen! «Die Leberkrankheiten, meine Herren, werden so

und so behandelt. Freilich, die Leber eines Kommunisten ...
die ist etwas Einzigartiges ...» Nein, liebes Fräulein Fuchs,
das ist Bauernfängerei.

Wenn ich das Malheur ansehe, das das Zentrum in einem
Lande anrichtet, in dem es konfessionsgemäß nicht einmal
die Majorität hat und das es vermöge seiner Geschicklichkeit
und der Dummheit der andern regiert – das führt einen nicht
nach Rom.

Ja, die Wohltaten. «In einem wohlgeordneten Staate sind
Wohltaten nicht angebracht», sagt Multatuli. Das ist herrlich, was der Sonnenschein gemacht hat, es ist viel, es ist über-
irdisch, was Sie wollen – aber das ist doch niemals eine Lösung. Die Lösung liegt anderswo.

Kurz und klar: ich nicht. Der Fall ist hoffnungslos – ich
habe da nichts zu suchen. Mich stößt alles ab: Stil, Sprache,
Formen, der Geist ... ich urteile nicht über ihn, wenigstens
sehr, sehr ungern, und nur, wenn ich herausgefordert werde –
aber ich brauche es nicht, das da, und ich möchte gern vielen
Leuten dazu verhelfen, daß sie es auch nicht brauchen. Vergessen Sie nicht: diese Qualen sind nicht die meinen, diese
Freuden nicht, diese Versuchungen nicht – nichts davon. Es
trifft mich gar nicht – es ist so, wie wenn jemand einem andern Fehler im Kisuaheli ankreidet. Vielleicht hat er recht,
aber was geht das mich an? Es gibt andere Wege, andere Gebiete, andere Leiden, andere Freuden –

Ich habe da einen kleinen Aufsatz von Ihnen gelesen, über
die Natur. Fuchs, so ist das nicht! Natürlich ist da Harmonie,
zu der man aus den Bezirken des linken Flügels der rechten
Opposition aufatmend zurückkehrt – aber es ist nicht nur eine
friedliche Harmonie. Ich habe schon so vielen Menschen den
Krapotkin unter die Nase gehalten («Gegenseitige *Hilfe* im
Tierreich») – ich weiß das alles. Aber da wird auch gefressen,
mitleidslos zerstört, weils gleich ist, weil so viel da ist – da ist
auch Kampf, erbarmungsloser Kampf, Getöse, Schmutz, Geil-
heit, Unfruchtbarkeit ... und nicht nur brave Kornblumen.
Falsch –?

44

Ja, beantwortet habe ich wohl nicht alles. Es war so viel und ich war lange beschäftigt und dann krank. Aber wenn ich jemals nach Holland fahren kann, dann will ichs vorher sagen!

Mit vielen schönen Grüßen und allen guten Wünschen für Sie

herzlichst Ihr
Tucholsky

DIE WELTBÜHNE
Begründet von Siegfried Jacobsohn
Geleitet von Carl v. Ossietzky

Post: Weltbühne
29–6–30

Verehrte,
längst hätte ich Ihnen geschrieben – aber ich gehe dieser Tage etwas in die Gesundheitsmühle – vielleicht in die Schweiz – denn mir geht es seit einigen Monaten nicht sehr heiter, wie Sie bereits aus der Nicht-Produktion gesehen haben. Verzeihen Sie mein Schweigen – es ist mir mehr als peinlich, auf alle die freundlichen und klugen Briefe noch nicht geantwortet zu haben. Auch nicht *ein* Wort stand darin, auf das ich nicht in Nettigkeit zu erwidern wüßte . . . was denken Sie sich nur manchmal aus!

Sobald ich wieder Muh machen kann, mache ich richtig Muh.

Ihnen alles Gute wünschend

wie stets
Ihr getreuer Erbfeind
Tucholsky

Post: Weltbühne
30–6–30

Verehrtes Fräulein Fuchs,
ich lese soeben in Ihrem letzten Brief, daß Sie in Ihrem Leben
böse Schwierigkeiten haben. Mit einem Bein im Koffer: ich
wünsche Ihnen alles Gute und vor allem, daß Sie Ihren Garten behalten mögen!

Mit Händedruck
Ihr ergebener
Tucholsky

Post: Weltbühne
28–7–30

Verehrteste,
– –
– – – – – – – – – – – – – – – – – – . . . – – – – –
. . . – – – – – – – – – und aus diesen Gründen konnte ich
nicht eher schreiben.

Ernsthaft: Ich hoffe, daß es Ihnen wesentlich besser geht
als mir. Damit mag ich Sie nicht langweilen; Männer, die sich
um ihre Gesundheit haben, sind ein restlos komischer An-
blick. Es ist auch schon besser. Ich bin – viel zu spät – in einen
Salatkasten gegangen, und hier haben sie mich – bei Luzern –
ein wenig aufgemöbelt. Nun aber zu Ihren Briefen:

Dank vor allem für alle Ihre guten Wünsche! Ich hoffe vor
allem, daß es Ihrer Frau Mutter besser geht. Und wie ist es
denn mit dem Garten geworden?

Ich picke, wie die Hühner im Salatgarten, in Ihren Briefen.
«Marosie» dürfen leider nur Sie zu sich sagen – also, geehrtes
Frollein: wenn ein Mann «immer» sagt, ist das «immer» faul.
Ich sags nicht mehr. Bei Sachen manchmal und sehr vorsich-
tig: bei Menschen kaum noch. Und ohne alle Bitterkeit nicht.
Wodurch einem mitunter sehr wohlschmeckende Dinge ent-

46

gehen. Aber mitnichten: «Sie ist» steht irgendwo, «vielen Männern nacheinander treu.» Das gibts.

Um zu Ernsthafterem überzugehen: Was Sie da von dem Stadion schreiben, war sehr hübsch – noch hübscher und ganz reizend die kleine Szene auf dem Wohltätigkeitstee in der Wilhelmstraße. *So* sollten Sie schreiben! Schade, daß ich das nicht gesehen habe; ich hätte da gern ein klein Blümlein an den Rand gesetzt. Zu herzig, diese Wohltätigkeit!

Wobei ich denn gleich anmerke: Sie schießen manchmal, aber nur manchmal, in Ihren Briefen an mich zu tief. Ich freue mich natürlich sehr, wenn Sie so viel gute Laune aufbringen, wenn Sie von dem katholischen Kitsch sprechen – aber nie, nie fiele es mir ein, solche Bonbonbilder mit der *Idee* dieser Religion zu identifizieren. Es ist ein bißchen reichlich davon da, was ich den «Vulgärkatholizismus» nennen möchte – aber das hat doch mit den Visionen des Loyola und den großen Päpsten kaum noch etwas gemein. So simpel wollen wir uns das nicht machen. Ob diese Bilder einmal besser werden oder nicht ...

Das ist es nicht. Es ist ewas andres.

Es ist immer wieder das Politische. Wenn ernste und große katholische Männer über ihre Religion sprechen und nur über diese, so schweige ich. Ich bin nicht einverstanden – insbesondere finde ich, daß zum Beispiel Nietzsche bei Euch gradezu gotteslästerlich flach abgetan worden ist, nein, nicht abgetan – kaum begriffen ... ich kann auch nicht mitspielen, wenn ich in einer Arbeit über den Hinduismus lesen muß, daß jede Religion auf der Welt naturaliter catholica sein soll – aber das ist ein geistiger Kampf.

Hingegen zu sehen, wie in den kleinen Ortsparlamenten das Mulmigste, Muffigste, Dämlichste und Dummdreisteste sehr oft aus dem Zentrum kommt, von einem stramm katholischen Bäckermeister und diesen furchterlichen Bürgerweibern, die durch die Aufhebung der segensreichen Familienbäder die Sittlichkeit retten ... also das spiele ich nicht mit. Sie vielleicht –?

Da sitzt es. Von der Haltung der Partei den Hitlerleuten gegenüber will ich gar nicht reden. Wären die nicht so gottverlassen dumm, ein «Rom» zu bekämpfen, das sie gar nicht kennen – es sähe anders aus. Denn liest man schon mal was in den Zentrumsblättern gegen den Kaiser und die Zeit vor dem Kriege, dann steht da bestimmt an irgend einer Stelle das kleine Wörtlein «protestantisch» – es ist böseste Vereinsmeierei. Und wenn ich das sage, dann kriege ich ein Kreuz um die Ohren – also: nein.

Ja, also *so* sollten Sie schreiben wie in diesen Briefen – das über den katholischen Kitsch ist beinah druckreif. (Keine Sorge. Ich werde niemals irgend etwas, was Sie mir schreiben, drucken lassen.) Was Sie in die Zeitung setzen lassen – ja – hm – schlecht ist es nicht. Aber es ist viel verschwommener, als die Briefe. Wäre ich Redakteur, so erlaubte ich nicht, daß eine bei mir «Menschlicher Ausklang» schreibt. «Menschlich» ist ein Modewort und heißt alles und nichts. Nun – ich bin nicht Ihr Schulmeister.

Über vieles andere kann ich nicht schreiben; darüber müßte man sprechen. Das ist nun nicht ganz leicht. Ich gehe von hier entweder in die hohen und allerhöchsten Berge, zwecks Nachkur – oder nach Frankreich oder direkt zurück nach Schweden. Sollte ich über Berlin kommen, was ich nur tue, wenn ich muß, und sollte ich mich da aufhalten, dann melde ich mich bei Ihnen. Händedruck für die «Angst» – nein, Angst sollen Sie gewiß nicht um mich haben; die Ärzte haben sich hier sehr verständig benommen und etwas von Drüsentätigkeit gemurmelt, aber jedenfalls etwas gebessert.

Ich habe dieser Tage das Buch von Hoeber über Sonnenschein gelesen. Ich werde es besprechen. Sie werden damit nicht zufrieden sein. Das Buch hat Pech gehabt: daneben lag eines von Barbusse über Georgien. Liebe Fuchs – «Wohltaten in einem wohlgeordneten Staate sind nicht angebracht» spricht Multatuli. Und es erscheint mir größer, die Ausbeutung zu verhindern als dann, wenn sie geschehen ist, betteln zu gehen und – in allerreinster, in allerbester, in alleredelster

Absicht – zu helfen. Wenn es meist zu spät ist. Besser als nichts ists schon. Aber den Arbeitern wird nicht mit Wohltätigkeitstees geholfen. Das hat Sonnenschein gewußt... Wie ich überhaupt immer den Eindruck habe: wenn der kein Priester gewesen wäre, hätte er die sozialen Zusammenhänge zu Ende gedacht. Dies bricht immer in der Mitte ab. Hunger – Not lindern – *keine* Seelen fangen – Güte – Milde – keine Weichlichkeit – ... alles gut und schön. Aber nie, nie ein Wort gegen den Hüttenbesitzer und die tausend untätiger Erben, die den Grund und Boden besitzen, nur, weil sie ihn besitzen. Das war wohl nicht seine Aufgabe...

Ich wünsche Ihnen einen guten Sommer. Und gute Erholung. Und gutes Wetter. Und Stille innen und draußen.

Und denken Sie auch mal

an Ihren Sie herzlichst grüßenden
Tucholsky

Post: Weltbühne
13–9–30

Liebes Fräulein Fuchs,

da will ich denn erst mal beichten – und sehr weltlich:

Ich war auf ein paar Tage in Berlin, aber so sehr beschäftigt, daß ich es nicht riskiert habe, Sie anzurufen. Riskiert deshalb nicht – weil ich es für unangenehm und peinlich gefunden hätte, eine Unterhaltung mit Ihnen nach der Uhr zu führen ... «Ja, ja ... mit der katholischen Religion ... verzeihen Sie, ich muß gleich fort ... es ist halb acht ...» Also das habe ich nicht gewollt. Ich will im Winter, vielleicht zu Beginn nächsten Jahres, nach Berlin kommen, und dann für längere Zeit – dann will ich gern anrufen.

Dank für alle Ihre Briefe und Sendungen, die ich zum Teil erst jetzt bekommen habe. Ich war sehr lange auf Reisen. Schweiz – Tessin – Hamburg – und so fort.

Was Sie über das Buch Hoebers schreiben, ist mir recht verständlich: ich werde die Sache möglichst vorsichtig anpacken. Hingegen Chesterton ...

Liebes Fräulein Fuchs, schenken oder geben Sie das nie wieder einem, der dem Katholizismus fern steht. (Ihnen einen Händedruck für die freundliche Widmung.) Tun Sie es nicht: er bekäme einen netten Begriff, wenn er diesen fast jüdischen Talmudisten mit der Religion gleichsetzte. Das ist ja höchst unerquicklich. Ich werde ihn schlachten – aber eben nicht das Katholische dazu – das muß man gegen diesen Burschen gradezu in Schutz nehmen. Ich habe nie gewußt, daß man einen Glauben wie eine alte Hose anpreisen kann; und diese faulen Syllogismen und Sophismen ... es ist lächerlich. (Ähnliches macht er in dem Kampf gegen Rußland: er ist ein grauslicher Knabe.) Geworden – denn früher war er besser, viel besser.

Ich bedaure sehr, daß dieser Briefwechsel von mir so lasch geführt worden ist – aber Arbeiten und Reisen und Leben und Briefe schreiben ist ein bißchen viel für einen einzelnen Herrn. Ich danke Ihnen für alle Ihre freundlichen Wünsche, und ich hoffe, daß es Ihnen gesundheitlich nun ebenso gut geht wie mir; mich haben sie da in der Schweiz ganz nett zurechtgemacht. Und mütterliche Wünsche sind immer schön – grade, wenn sie nicht von der Mutter kommen.

Alles Gute für Sie und recht herzliche Grüße
Ihres alten OriginalHeiden
Tucholsky

Kriegt er wohl einmal ein hübsches Bild von Ihnen?

KURT TUCHOLSKY
Post: Weltbühne
Berlin-Charlottenburg
Kantstr. 152
11–10–30

Liebes Fräulein ... also das kommt aus dem Französischen –
und es ist eine alte Gewohnheit – und mancher kann nicht
anders ...
lein Fuchs,

auf ein Pfund Ihrer Briefe kommt immer ein Milligramm
von meinen; ich schäme mich furchtbar. Aber ich arbeite hier
wirklich wie eine kleine Dampfmaschine, da kann man denn
nicht Briefe schreiben. Wenigstens nicht an Sie, und herunter-
klappern mag ich die nicht. Ich will also auf vieles, was Sie
mir geschrieben haben, ausführlich und im einzelnen antworten. Aber nicht der Reihe nach:

Chesterton. Ich hätte vielleicht eine so freundliche Gabe
nicht so mit Bumbumm angreifen sollen. Jedoch haben Sie
das Buch nicht geschrieben. Es ist sehr gut, was Sie zu seiner
Verteidigung schreiben – ich wäre nicht darauf gekommen.
Es ist so gut, daß ich Sätze daraus verwenden will.

Dank für alle Ihre freundlichen Worte zu unserm *«Jubel-
tage».* Das war eine schöne Schinderei, das alles zusammen-
zukleben. Ja – der kleine Mann ... sein Bild hängt mir gegenüber. Ich kann sehr schwer über ihn schreiben und werde
es für die Öffentlichkeit gewiß für lange Zeit nicht mehr tun.
Das ist alles noch viel zu affektbeladen. Natürlich habe ich nie
alles über ihn gesagt – nicht, als ob es dort wüste Geheimnisse
zu verschweigen gäbe – aber diese Beziehung war sehr seltsam. Immerhin: ihr werdet nimmer seinesgleichen sehn. Wenigstens nicht unsere Generation.

Hochland. Vielen schönen Dank – ich schicke Ihnen alle
Hefte, die ich habe, heute zurück, dazu einiges andere, das Sie
vielleicht interessieren wird und das ich Sie zu behalten bitte.

Und Sie müssen mir nie, niemals Bücher schicken, die Sie kaufen müssen – das sage ich als alter «Mann vom Bau». Wenn ich sie nicht als Besprechungsexemplare bekomme, dann verschaffe ich mir das aus Bibliotheken – selbst hier nach Schweden – also bitte, bitte: immer nur Hinweise, für die ich Ihnen ganz besonders dankbar bin.

Ja – also *Hochland*. Ich finde es nicht sehr hochstehend. Es ist nicht schlecht, und mit dem «Katholischen» hat meine Kritik nichts zu tun. Mir ist nur die Höhe, wo es ansetzt, nicht hoch genug – es ist stellenweise spießig, manchmal eng und fast immer etwas, verzeihen Sie, platt. So brav – – Nochmals: *nicht* wegen der dort vertretenen religiösen Ansichten. Sondern wegen der Tonart, in der da gesungen wird. Es ist so vanimftich.

Köln. Herr Kapellner, auf den ich mich nun – nach Ihrem Brief wieder entsinne – hat keineswegs das Recht, «für die Weltbühne» aufzutreten. Erstens hat das niemand außer uns, und zweitens jener schon gar nicht. Ich habe ihm auf seine Briefe geantwortet, weil ich nicht unhöflich sein wollte; ich weiß sehr genau, wer und was das ist. Nur halte ich mich nicht für legitimiert, andere Leute zu erziehen oder ihnen Zeugnisse auszustellen. Aufgefallen ist mir an dem jungen Mann ein merkwürdiger Mangel an Distanzgefühl. (Wenn man das in Deutschland laut sagt – ich sags nur leise – dann glauben die Leute, man wolle auf Knien verehrt werden.) Eine reine Freude ist das alles nicht. Grüße an Fräulein Gliss!

Was die russische Zeitschrift «*Gottloser*» angeht, so kenne ich sie nicht. Dagegen muß ich sagen, daß mir die katholische Propaganda gegen Rußland nicht sehr hochstehend zu sein scheint. Hier bekämpfen sich nun zwei Gruppen, systematisch, bewußt, mit aller Tendenz – die Kirche sollte ja nicht so tun, als sei sie die arme Verfolgte. Die Art, wie sie kämpft, ist nicht sympathisch. «*Das Neue Reich*» aus Wien bringt da etwas über die «Fratze des Bolschewismus» IKA-Kongreß in Feldkirch. Kaum einer der wackern Patres, die da gesprochen haben, war überhaupt in Rußland, alles Material ist aus dritter und vierter Hand. Das ist nicht anständig. Ich mische mich nicht ein, dazu ist mir der Katholizismus nicht nahe genug – wie ich denn überhaupt sagen muß: Qu'on me fiche la paix! Es macht mir immer wieder Spaß, zu sehen, wie merkwürdig die Geister in der Kirche und die in Rußland anrucken, wenn einer ihnen gegenüber ganz ausdruckslos und still bleibt. «Aber ... aber man muß sich doch entscheiden!» Ihr müßt das vielleicht – ich muß das zum Beispiel gar nicht. Und ich will es auch nicht. Weil ich diese vorgezeichnete Entscheidung schon nicht mag ... nein. An mir ist so ziemlich alles verloren, was man nur verlieren kann.

Die Plattheiten Gerlachs gebe ich Ihnen aber alle zu. Das ist ein Mann sechzehnten Ranges – ich habe ihn nie sehr geschätzt. Blitzsauber, ehrlich in seiner Art, tapfer – aber platt, banal – alles ganz unten. Was Sie da aber schreiben, von der Höhe der Kunst unter der katholischen Kirche – das hat, soweit ich das übersehen kann, nicht an der Kirche gelegen, sondern an der Unzerspaltenheit dieses Weltbildes. Nicht, daß jenes Weltbild wahr gewesen ist – sondern daß es nur *eines* gegeben hat. Das ist nicht mehr zu ersetzen. Freilich bewegt sich diese ganze von Gerlach so banal formulierte Frage auf einem mir zu niedrigen Gebiet.

Kafka. Ganz großer Mann. Ich habe ihn noch gekannt – aus Berlin und Prag. Willy Haas hat schon über ihn geschrieben. Ein *großer* Dichter.

Nichts für ungut – Ew. Liebden, wenn ich so abrupt schreibe. Es ist in all der Arbeit wirklich nicht anders zu machen.

Mit vielen schönen Grüßen

Ihr wie stets ergebener
Tucholsky

Dank für Ihre Arbeiten. Die Buchbesprechungen sind besser als das andere. Wo ist Ihr Humor?

KURT TUCHOLSKY
Post: Weltbühne
Berlin-Charlottenburg
Kantstr. 152
21–11–30

Liebes Fräulein Fuchs,
heute komme ich endlich dazu, Ihnen mal ausführlich zu
schreiben – ich hatte scheußlich viel zu tun ... man sieht das
nicht immer so in der WB – ich tue hier viel für meine «Büldung», und die hats nötig. Jetzt gehts los – ich habe mir alles
angestrichen.

Heute nacht habe ich das Thrasolt-Buch gelesen. Sehr anständig, sehr bunt – in schauerlichem Deutsch; das Zitat aus
der WB blödsinnig, hoffentlich ist das andere Material besser.
Einen Aufsatz von Robert Breuer mit der Überschrift *«In
kommunistischer Beleuchtung»* zu versehen, ist mehr als
naiv. Weiß der Mann nicht, daß Breuer ein gradezu fanatischer SPD-Mann ist? Nun, ich bin kein Ressort-Patriot –
wenn ich über das Buch schreiben sollte, werde ich das anmerken, weiter nichts. Ihr Aufsatz darüber ist gut, dicht, sauber ... man merkt, daß daran gearbeitet worden ist. (Vermeiden Sie die merkwürdige Anwendung des Wortes «fein» –
die man häufig nahe der Jugendbewegung trifft. Es ist gewiß
nicht falsch, ist aber durch diese flanellnen Kreise ein Jargon-
Wort geworden.)

Ich bin nicht Ihrer Meinung, daß T. die patriotischen Stellen hätte verschweigen sollen – und Sie ja auch nicht, aber
darauf kommt die Sache heraus. Was heißt das: das Gewicht
verschieben? Hat Sonnenschein das geschrieben oder nicht?
Er hat es geschrieben, und er hat also nicht über den niedrigen Pegel von 1914 hinausgucken können. Lenin hat. Karl
Kraus hat. (Ich nicht – ich habe nur geschwiegen.) Ich werde
es dem Thrasolt hoch, hoch anrechnen, daß da endlich mal
ein Katholik kommt, der dem Caesar nimmt, was des Caesars
nicht ist. Das hat mich auf das allertiefste ergriffen. Bravo!

Und er schadet für mich dem Sonnenschein gar nicht . . . der war eben so. Ich erkenne den Typus immer deutlicher – auch, daß sich wahrscheinlich das Beste dieses Mannes *nicht* in Büchern einfangen läßt. Er war lebendig. Die *«Notizen»* scheint mir Thrasolt, der ein mäßig gebildeter und etwas provinzieller Mann ist, heftig zu überschätzen. Sie mit Nietzsche zu vergleichen ist ein schlechter Scherz. Dieser Stil Sonnenscheins ist gar nicht ohne; es glückt ihm manchmal, sehr manchmal, eine überraschende Wendung – aber keine Zeit haben ist noch kein Genie. Das ist Unfug. Immerhin: es stehen ein paar wunderbare Sachen in dem Buch; die beste ist der Satz, den ein Junge bei der Beerdigung sagt: «Der war ja mit aller Welt verwandt». Das ist zum Weinen schön. Außerdem ist es eine unbeabsichtigte Charakteristik des Mannes – *auch* nach der schlechten Seite – das ist ganz großartig. Ich werde versuchen, das zu entwickeln.

Im einzelnen:

Ich habe *«Hochland»* neulich nicht lächerlich machen wollen. Nur so viel: sie hinken nach. Was sich da so furchtbar fortschrittlich und aufgeklärt gebärdet, mag es ja sein – für ein Milieu eifriger Stiftsdamen. Uns andere berührt das unendlich dagewesen. Ich kann doch nichts dafür, daß die Herren da zwanzig Jahre geschlafen haben, weil sie in ihren Dogmen befangen sind. Sie hinken nach, der Zeit nach.

Zu Ihrem Buch gratuliere ich. Dergleichen ist gewöhnlich nie ein großer buchhändlerischer Erfolg, aber ein Anfang. Auch macht es Mut, und man lernt, wenn man lernen will, eine Menge dabei – und wenn es nur Korrekturenlesen ist. Sie müssen das machen – und im übrigen: streichen! streichen! streichen! Die Hauptsache an der Literatur ist ein guter Blaustift.

Da hat also eine Ihrer Bekannten gesagt, sie wolle der Kirche so viel Schaden zufügen wie nur möglich. Na . . . Also ich will das nicht. Wenn Sie mich aber fragen, ob ich die Kirche in ihren politischen Auswüchsen und Einflüssen bekämpfen will (Katholische Aktion), dann sage ich aus vollem Herzen

Ja. Die Kirche maßt sich da ein Recht an, das ihr nicht zusteht – des Stifters wegen nicht, den sie dauernd verrät, ich sehe ihn anders – und des Staates wegen nicht. Sie hat z. B. in Preußen einen weit, weit größeren Einfluß als ihr zahlenmäßig zusteht – ich möchte mal hören, was Ihr sagen tätet, wenn eine liberale Minorität *euch* so regierte. He –?

Wenn Ihre Briefe auch keine «Traumbriefe» sind (welch ein hübsches Wort – – – –

da klingelt das Telefon, sogar in der Einsamkeit. Paris – ich habe gestern schon mit dieser amüsanten Stadt telefoniert, Schauspieler sind alberne Leute ... jetzt geht der Brief weiter – – –

wenn Ihre Briefe auch keine Traumbriefe sind: ich freue mich immer sehr, aber Themen kann ich Ihnen nicht stellen. Schreiben Sie nur so weiter und nehmen Sie mir meine Briefpausen nicht krumm.

Die Plüschmöbel meiner Tante stammen von einem Onkel, und der ist angeheiratet. *So* schlimm hat es bei uns zu Hause nun allerdings nicht ausgesehen. Die Tante ist die Schwester meines Vaters, er hatte noch zwei andere, die sind leider, leider gestorben. Ich hatte sie sehr gern – sie waren so grundanständig, wie diese auch. Da ist viel Plattdeutsches drin – meine ganze Liebe.

Was mag da für ein Heft der WB von 24 gelegen haben? In den «*5 PS*» sind Arbeiten, die bis auf 1913 zurückgehen – meine Produktion schwankt, je nach dem Wetter. Mit der Zeit hat es nicht so sehr viel zu tun.

Die Holländerin soll keine Angst vor der Vorstellung haben. «Fremdene Leut?» pflegte Schnitzler zweifelnd zu fragen, wenn er jemand kennenlernen sollte. Außerdem hasse ich nichts so sehr wie jene Intellektuellen-Gespräche. Zeitverschwendung.

Hymnen an die Kirche ... sehen Sie, das gehört zu jenen Dingen, die nur zu einem bereits Überzeugten sprechen. Für uns, die wir religiös unmusikalisch sind, ist das ein schönes Geräusch. Man versteht den tieferen Sinn nicht (deshalb enthalte ich mich auch jedes Urteils) – aber es wirkt nicht. Mir ist etwa eine Begabung wie Ruth Schaumann (heißt die so?) durchaus schauerlich. Das geht und geht, endlos . . . nichts ist gerafft, nichts zusammengefaßt . . . nie habe ich die Lektüre über eine Seite gebracht.

Die wohlmeinenden Verse des Herrn Wittenbrink aus Potsdam gegen, nein (So – nun ist Paris vorbei – Gott segne die Kunst!) – also das Geschmocke des Kaplans ist dumm. Niemals fiele es aber mir ein, nach solchem Unfug den Katholizismus zu bewerten. Schon eher nach den seichten und demagogischen Reden des Bischofs Schreiber. Finde ich viel schlimmer als mal so einen Abrutsch eines kleinen Mannes.

Übrigens eine Frage: *Wie hat Sonnenschein zu Fahsel gestanden? Das* interessiert mich sehr.

Ob die Leser mit dem «*Blick in ferne Zukunft*» zufrieden gewesen sind. Ich denke nie an Publikum, wenn ich so etwas schreibe. Das *ist* eben so: wers nicht mag, der mags ja wohl nicht mögen.

Ja, die Reissner . . . das ist eine ganz «Richtige». Es ist ein Phänomen – man hat einmal geklatscht, Radek habe ihr dabei geholfen – aber das erklärt die Sache noch nicht. Ich besitze alles von ihr, auch das beschlagnahmte «*Hamburg auf den Barrikaden*» (darin kommt mein Lieblingssatz vor: «Hamburg, der zuckende Fisch an der Nordsee») – es ist etwas ganz und gar Einzigartiges.

Sie müssen nicht mehr sagen, daß Sie die Zustellung der WB bedrückt. «Unter Kameraden», heißt es in einer alten Posse, «is das ja janz ejal.»

Wieso machen Sie runde Augen, wenn ich ablehne, Leute zu erziehen? Ich meinte das natürlich *privat* – nichts ist mir schauerlicher als jene Gattung ewiger Schulmeister, die da herumgehen und den andern zeigen, wie sie es machen müssen. Sie sind Sie – so geboren, so erzogen, so gewachsen . . . nein, das mache ich nicht. Sie könnten mich in die «integralste» Gesellschaft mitnehmen (frisch bei Thrasolt gelernt) –

da wäre gar nichts. JEDER SEINS – das hat die klügste Frau gesagt, die ich kennengelernt habe. Ich war ein bißchen mit ihr verheiratet.

Franz Kafka, um auf Ihre Briefe zurückzukommen, ist einer der Allergrößten. «*Der Prozeß*» ist eine unheimliche Sache. Ich habe ihn noch gekannt; schrieb ich wohl schon.

Ja, wenn Sie mir gute Bücher über den Katholizismus empfehlen können, freue ich mich immer sehr. Ich bekomme das alles durch Bibliotheken – schicken Sie mir nichts, was Sie nicht umsonst bekommen haben oder doppelt haben.

Wenn ich Ihnen etwas schicke, so bedeutet das *nie*: Also *hier* ist nun die große I a-Literatur. Das sind Zufallssendungen – teils habe ich die Bücher überhaupt nicht gelesen, teils habe ich sie besprochen, teils brauche ich sie nicht, oder ich habe sie doppelt. Und Danke sagen ist strengstens verboten.

Sie fragen mich über Ihre Arbeiten. «Landgraf, werde hart!» Sie müssen mal andere Schriftsteller inhalieren – ich habe Ihnen schon Kleist (Novellen, die ersten zwei Drittel Kohlhaas) empfohlen – Schopenhauer «*Über Sprache und Stil*» kostet in der Inselbücherei ganz wenig; das lernen Sie auswendig, mit dem Blei in der Hand. Dann die Essays Nietzsches – ja nicht den Zarathustra, an dessen Epigonen leiden Sie grade. Lesen Sie alles *Harte*, Glasklare, Kristallene – und vermeiden Sie für den geistigen Stoffwechsel alles Weiche, Hymnische, Zerlaufende, Verblasene. Sie sollen nicht plötzlich ab morgen 8.20 Uhr ein harter Mann werden – aber Sie brauchen ein Gegengewicht für diese wäichen Sachen, die sich noch oft bemerkbar machen. Empfindsam soll man nicht sein – man soll Empfindungen haben. Keine Modewörter – Thrasolt hat etwa dreitausendvierhundertundachtundvierzig, rund. Woran man Modewörter erkennt? Dazu benötigt man eben den innern Kompaß – es ist, halten zu Gnaden, wie mit der Religion. Aber die Sache mit den Modewörtern kann man bis zu einem gewissen Grade lernen. Lernen Sie. «Wustmann, Allerhand Sprachdummheiten». Ja nicht Eduard Engel – ja keinen Puristen.

Das wärs. Ich freue mich immer, von Ihnen zu hören.
Nochmals: Briefpausen sind erzwungen – ich habe zwar 2
Schreibmaschinen, aber nur zehn Finger. Und ich plage mich
hier mit allerlei Arbeit, die geht so langsam ... Und wenn sie
nachher da ist, dann sagen die Leute: «Ach der – man versteht
ja jedes Wort! Das schüttelt er so aus dem Ärmel.» Ein
Kompliment – aber in Deutschland eines vierten Ranges.
Neulich las ich «... von einer bis zur Dunkelheit gesteigerten
Fülle» ... das hab ich gern. Sehen Sie – Gewöll, Geschlinge,
Nebel und Wolken, kurz: im Dunkeln ist gut Munkeln. Un-
sereiner aber hat es mit Mozart, und sie wollen Wagnern.
Die Trompeten blasen so schön ...

Na, dann alles Gute

von Ihrem Fleißbold und ...

Da kam ein Pfarrer zu einem Versicherungsagenten, der
lag im Sterben. Er war ein schlechtes Schaf der Kirche gewesen, alle seine Tage. Und es wird berichtet: «Der Agent starb
ungläubig, wie er gelebt hatte – aber der Pfarrer ging ver-
sichert von dannen.»

Dies wünscht Ihnen

Ihr getreuer
Tucholsky

Kurt Tucholsky
Post: Weltbühne
Berlin-Charlottenburg
Kantstr. 152
27–11–30

Verehrte Dame,
Sie wollen doch immer wissen, was ich zu Ihren Briefen sage:
Also – so habe ich lange nicht gelacht. Es ist ganz wunner-
bar, und meine Freude wurde nur durch das Schuldgefühl
niedergedrückt, was ich Ihnen da alles für Unannehmlichkei-

ten gemacht habe. Mille pardons! Das tut mir leid, und ich werde das in Zukunft nicht mehr tun. Es war stinkender Geiz – denn in kleinen Postpaketen ist das so teuer. Und ich will natürlich nichts davon wieder haben – aber mitnichten.

Ja, also der Brief. Warum schreiben Sie dergleichen nicht? (Kritik: einzelne Stellen ganz großartig: es ist die Frage, ob Sie solche Stellen allein fühlen. Das Ganze zu lang – nicht für einen Brief – sondern wenn es ein Artikel wäre – streichen! streichen! streichen! Immer streichen.) Ihre Briefe sind mir nie zu lang.

Hoffentlich haben Sie bei der Kathinka das richtige Kleid angehabt – es wäre ja erschrökklich ... Das ist eine Nummer! Daß die Frau das gar nicht merkt, wie komisch sie und ihr ganzer Juchhei ist –! Aber sie merkt es nicht. Ich werde sie andichten, fürchte ich.

Und ich will es auch nie wieder tun. Übrigens hat mir ein Wahnsinniger eine herrliche Ausgabe von Freud geschenkt, und nun habe ich vieles doppelt. Mögen Sie das?

Mit vielen schönen Grüßen
        Ihr in Arbeit versaufender und herzlicher
Tucholsky

        KURT TUCHOLSKY
        Post: Weltbühne
        Berlin-Charlottenburg
        Kantstr. 152
        – – – in Etappen geschrieben
        27. 12. 1930

Verehrte,
ich wünsche Ihnen ein frohes Fest und danke Ihnen ganz besonders herzlich für das Buch! Ich bin ein etwas überarbeiteter Mann und schicke meine Büchergabe verspätet – aber nicht minder herzlich! So ist das.

In Ihren Briefen standen einige sehr hübsche Dinge – die will ich denn auch beantworten:

Das Buch also werde ich fleißig lesen ... und dann darüber Ihnen schreiben. / Sonnenschein-Artikel kommt nächstens, dann noch einer über dogmatisches Denken, gezeigt an einem Beispiel ... und dann ists glaub ich für eine Weile genug. Daß ich diese Artikel schrieb, daran sind zum Teil Sie die Veranlasserin; daß ich nicht mehr schreibe: das liegt an meiner Lektüre der katholischen Zeitschriften, von denen ich so allerhand bekomme. Donnerschlag. Nein, das geht übers Bohnenlied.

Ich spreche nicht vom rein Katholischen; Sie sehen ja immer wieder, wie sehr ich mich hüte, mich über das Glaubenserlebnis lustig zu machen oder es rational zu kritisieren. Ich habe da nichts zu suchen. Aber was diese braven Katholiken da so alles von sich geben ...! Das lohnt wohl doch nicht, sich damit zu befassen. Ein Beispiel: in fast allen katholischen Zeitschriften wird die Psychoanalyse bedeutend dümmer beurteilt, als es der ödeste Freidenker mit dem Dogma tun kann. Es ist beispiellos. Daß die Leute nichts davon verstehen; daß sie nichts gelesen haben; daß sie keinen Schimmer, auch nicht den blassesten Schimmer von Freud haben ... das geht doch nicht. Und dann geht das los: sittenlos pp. Als ob Freud nicht ein Exponent dieser Zeit wäre – er hat sie doch nicht gemacht! Außerdem habe ich ihn jetzt wieder gelesen, mir hat einer seine Werke geschenkt. Da ist zum Beispiel eine Stelle, wo er beschreibt, wie sich die Patientin regelmäßig in den behandelnden Arzt zu verlieben pflegt – das ist gradezu eine Station auf dem Wege der Heilung. Bon. Wie er das nun behandelt: mit einer Sauberkeit, einer Größe, einer Reinheit – das ist musterhaft. Diesen Mann unrein zu schelten –: das können nur Banausen. Seine Schüler freilich haben viel Unheil angerichtet. Jedenfalls steigt aus diesen Blättern und Blättchen ein solches Unmaß von Unbildung auf ... nein, das möchte ich nicht.

Sie schreiben an einer Stelle Ihrer Briefe etwas Entscheidendes: «*Das geht doch aber alle an.*» Nein, Verehrte, das geht nun eben nicht alle an. Ihr müßt euch schon daran gewöhnen, daß es sehr vergnügte Heiden gibt – die geht das gar nichts an. Feuerländer sind keine Widerlegung gegen die französische Grammatik – sie beweisen aber, daß es auch ohne diese Grammatik geht. Ich lehne ja eben diese Zwangskategorien ab, die der Katholizismus da errichtet, und Hiller hatte völlig recht, als ers auch tat. Für uns eben nicht. Ich brauche es nicht; Millionen brauchen es nicht. Es ist eine Dreistigkeit sondergleichen, es ihnen aufdrängen zu wollen. (Mit staatlicher Gewalt nämlich – durch die Kindererziehung.) In mir ist nichts, was erlöst werden muß; ich fühle diese culpa nicht, vielleicht eine andere – enfin, ich erhebe mich ja auch über keinen Katholiken, indem ich ihn bedaure oder beschimpfe – ich sage nur: ich nicht. Es geht mich gar nichts an. Nichts.

Ich mußte das mal ganz klipp und klar heraussagen, damit es keine Mißverständnisse gibt. Und mit *Ihnen* hat das mittelbar nichts zu tun; was Sie mir schreiben, lese ich immer gern, auch da und grade da, wo ich anderer Meinung bin.

Was hingegen die Literatur angeht: Übern Glaesern sind wir sehr einig. Schamlos... das habe ich eigentlich nicht empfunden. Aber überflüssig. Sie haben völlig recht: damit ist ja nichts ausgesagt, wenn man einen Menschen bei seinen Verrichtungen schildert, die er mit den Tieren teilt. Das *kann* etwas Großes sein – aber das kann der Herr Glaeser nicht. Dann sollte mans lassen. Ich hatte damals schon in der Maschine, zu sagen: «Wir lesen in allen modernen Büchern: wo, mit wem, wann und in welcher Weise – wenn ichs noch ein paar Mal lese, dann kann ichs auch.» Was nicht hindert, daß ich dergleichen wohl auch mal schreibe – aber mich reizt bei diesen sehr seltnen Malen immer die artistische Schwierigkeit, es *dennoch* zu sagen, obgleich es so schwer ist. Das empfinden diese Kerle alle nicht. Sie schmieren das so hin. Dann lieber Pornographie.

Was Ihre Arbeiten angeht, so wissen Sie wirklich nicht,

wo Ihre Kraft sitzt. Das ist ein Malheur . . . diese «*Germania*». Zum Beispiel ist die kleine Kritik des Vortragsabends der Wellsheim, wenn sie richtig ist, bezaubernd – haben Sie Fontanes «*Plauderein über Theater*» gelesen? Das tun Sie nur. Es ist ein richtiges kleines Pastell, das Sie da gemacht haben, und Sie sind überhaupt am besten, wenn Sie leicht ironisch ablehnen; dann haben Sie, was bei Frauen sehr, sehr selten ist, Humor. Das sollten Sie ausbilden. Die wäiche Lyrik hingegen . . . werfen Sie nur ja die Schaumann ins Feuer. Es ist ja schrecklich. Nicht etwa, weil sie fromm ist – sondern wie sies ist, und vor allem, wie sie dem Ausdruck gibt. Das ist, um . . . ! Ja.

Meine Tante scheint ja da ganz freundliche Bilder über mich zu verbreiten. Wahr ist viel mehr . . .

Thrasolt – hm. Der ist in der Sonnenschein-Besprechung, die Sie lesen werden, nicht gut weggekommen. Er ist doch sehr ein kleiner Mann. Ehrlich, sauber, tapfer – aber ein kleiner Mann. Und nochmals und nochmals: die fast schmerzliche Enttäuschung, die ich auch immer bei den Kommunisten finde, wenn sich mal einer mit was anderm beschäftigt, die ist ganz und gar katholisch: Es geht aber wirklich auch ohne euch – es geht sogar sehr gut. Und man muß eben *nicht* bei jeder Sache fragen: wie stellt sich der Katholizismus dazu? Es ist für uns gleichgültig, wie er sich dazu stellt – es gibt andere Werturteile, andere Himmel, andre Kategorien.

Selbstverständlich werde ich keine einzige Angabe über Thrasolt verwerten. Apropos verwerten: ich hatte aus Ihrem Brief in der Tat nur dem Sinne nach zitiert. Aber Sie schreiben doch nicht druckfertig, Gottseidank – und so, wie es da stand, hätte es wie Ironie ausgesehen, als wollte ich mich über Sie lustig machen. Sie hatten das aber in klarster Ehrlichkeit so hingeschrieben – deshalb habe ich geändert. Nichts für ungut. Wird nicht mehr vorkommen.

Haecker habe ich grade vor. Ich kenne ihn seit langem und schätze ihn sehr hoch ein. Ja, *das* ist einer. Verve, Stil, Können, Wissen . . . ich verstehe ihn nicht ganz, dazu langt meine philosophische Bildung nicht. Aber ich merke: holla he – da ist was. Ich belerne mich da sehr an. Ein großer Schriftsteller.

Ich seh eben in Ihrem Brief ... Ja, die Tante Berta ist manchmal so streng. Mit mir auch – aber ich lache dann heiter, und dann geht es vorbei.

Fahsels Biographie habe ich hier. Also, das ist beispiellos. Auch hier werde ich nichts von dem verwerten, was Sie mir geschrieben haben. Ich weiß nicht einmal, ob ich überhaupt schreiben werde. Man soll diesem Clown nicht noch mehr Reklame machen. Die Biographie ist scheußlich; ich zöge mich da vielleicht auch nicht ohne bürgerliche Beleidigungen aus der Affaire. Hat dieses hysterische Weib mit dem Mann ein Verhältnis? Das besagte ja nichts; aber es ist alles so schwül, so widerlich – sehn Sie: *das* ist unsittlich, in der Atmosphäre, auch, wenn da gar nichts vorgeht. Ein dummes Buch.

Anbei eine Bilderanlage. Die Bücher kenne ich nicht. Ich kenne nur ein paar italienische Publikationen, wo sich die Kirche den geschmackvollen Scherz leistet, mit dem Imprimatur, zwei kleine Mädchen, die Opfer eines Sittlichkeitsattentats geworden waren, als «Heilige» aufzublasen. Es war grauenhaft. Dies macht ja nun auch keinen sehr schönen Eindruck. Was um alles in der Welt können denn diese Gören schon «Heiliges» an sich haben! (Ich weiß, daß in allen diesen Fällen nicht «heiliggesprochen» wird – aber es genügt auch so.)

Sie schreiben über die Katholiken und den Film. Glaubt ihr wirklich, man könne das «machen»? Das muß doch wachsen. Na, und daß es nicht gewachsen ist – das muß doch einen Grund haben. Es hat auch einen. Da muß sich also wohl nichts bewegen – wie wäre sonst eine solche Stumpfheit, ein solches Versagen in künstlerischen Dingen möglich? Nun, das ist nicht meine Sache.

Ja, das wäre so einiges. Ich komme vorläufig nicht nach Deutschland – mir tut das leid, denn ich hätte mich gern mal mit Ihnen in Ruhe unterhalten. Ohne Telefon und «Herr

Meier läßt fragen . . .» Ich sitze aber noch in der Stille und bebrüte ein kleines Ei. Das ist bald da, und wenn der Vogel heraus ist, dann, im Frühjahr, werde ich anfangen, zu reisen. Und dann komme ich vielleicht, wenn ihr noch Republik seid, nach Berlin. Es sind eigentlich 2 Eier – denn ich mache noch einen Auswahlband für nächstes Jahr. Und das ist eine gar erschröckliche Arbeit.

So ist das. Im übrigen lese ich viel alte Klassiker, und vom Kram so wenig wie nur möglich. Man wird nur dumm davon. Ein lustiges Land – – Und die Haltung der Kirche wieder sehr, sehr zweideutig. Darüber steht auch bei Haecker einiges; mir nicht scharf genug. Wenn Rom mit den weltlichen Gewalten zusammenstößt, dann geht das zu wie in einer Judenschule. Wobei übrigens die Katholiken meist obsiegen – sie sind so weltabgewandt, daß sie vor lauter Frömmigkeit besser handeln als die andern. Mäinst näin?

Womit ich mich verabschiede und Ihnen ein gutes Fest nachhinein wünsche und ein gutes neues Jahr!

Wie stets
Ihr alter
Tucholsky

Dreh rum

Etwas habe ich doch noch vergessen.

Ist das vielleicht eine *Lösung,* unter diesen ökonomischen Umständen für junge Mädchen, die heiraten wollen, es aber nicht können, die Ehelosigkeit oder den Verzicht zu fordern? Das mag sehr heldenhaft sein – obs aber geistig und körperlich gesund ist, das steht auf einem andern Blatt. Was mögen sich da viele quälen! Und wozu eigentlich? Ja, ich bin so flach und rational und liberal und freidenkerisch und bolschewistisch, «wozu» zu fragen. Alle, aber auch alle Beobachter aus Rußland schreiben, es fiele ihnen auf, einen wie geringen Raum die Sexualität im öffentlichen Leben dort einnähme. Ganz klar, warum. Die Leute haben es nicht nötig. Und das ist schon viel. Leute, die den ganzen Tag vom Trinken reden, sind entweder durstig oder krank. Beides sollte man nicht als Ideal hinstellen.

KURT TUCHOLSKY
Post: Weltbühne
Berlin-Charlottenburg
Kantstr. 152
21–2–31

Liebes Fräulein Fuchs,
entgegen aller Verbote fange ich doch mit dem kleinen Volksgesang: «Ich kann nichts dafür» an. Entschuldigungszettel:
Mein Sohn karl Konnte nich nach schule Kommen er muhste bei eine befreundete leiche und auch Im haus Helfen hochachtungsvfoll
Ernsthaft:
Ich mag und mag Ihnen nicht in der Hast – abends, wenn ich alle bin – irgend etwas hinklappern. Ich hatte zwar keine Masern, wohl aber eine weitaus schlimmere Krankheit: die Korrekturitis, und das ist . . . na, lassen wir das. Es wird ein kleines Dingelchen, und Sie bekommen es dann. Viel Mühe macht solches Kind. Passons.
Da sind nun alle Ihre freundlichen Briefe, und den Formularbrief will ich lieber nicht ausfüllen (Ach, Frollein, *Sie* werden mir keine neuen Formulare beibringen! Sie nicht! Ich habe sogar eines für die Buchwidmungen, aber es ist zu ohnanständig, daher kann ich es nicht schicken.) Inzwischen ist also viel Zeit vergangen, ich hatte wirklich ein bißchen viel um die Ohren, und jetzt will ich mir Ihre Briefe vornehmen, es ist ein ganzes dickes Paket geworden, und weil ich immer angestrichen habe, was ich beantworten wollte, wird die Sache leicht gehn. Jetzt gehts los.

Ich wünsche Ihnen zunächst alles Gute in Sachen häusliches Haus. Und in der Dorotheenstraße hatten Sie Häuser? Da bin ich jeden Morgen zur Schule gegangen, ins Französische Gymnasium. Und ich wünsche Ihnen, daß es wenigstens im Grunewald so einigermaßen gehen soll – in einem der letzten Briefe haben Sie geschrieben, es ginge auch. Alles Gute!

Sonnenschein. Weit ist die Welt, so weit. Also *so* wirkt das auf andre, wenn man garnicht zuhacken will. Bei Gott: ich habs nicht gewollt. Das klänge ganz anders. Ich kann den Mann doch nur nach den Büchern beurteilen; ganz und gar verkehrt scheine ich ihn nicht gesehen zu haben, aber im entscheidenden falsch? Katholizismus in einer Stadt wie Berlin ... ich *kann* das nur nach dem Effekt beurteilen, ich kann nicht anders. Und den sehe ich nicht.

Es sind allerlei Entgegnungen gekommen, wie überhaupt immer, wenn ich über die Kirche schreibe, auch viele Briefe. Auf diese Post bezog sich der etwas freche Satz über die gewissen Damen im letzten Artikel (Kränze). Es gibt da eine Sorte, die soll wirklich der Teufel holen. Ich höre immer ganz hohe, spitze Töne und sehe etwas vor mir, was ich gar nicht andeuten mag. Wie viel Schuld, wie unendlich viel Schuld hat ein gewisser Frauentypus an Krieg, Hitler pp. Na, das wissen Sie ja selber ...

Ja, also *Sie* scheint ja Sonnenschein nun nicht grade so himmlisch beraten zu haben – wissen Sie: es gibt eine Eifersucht unter Männern, die oberirdisch ist, nichts mit Erotik zu tun hat – es ist das: Herrschsucht und anderes Schöne ... so etwas wirds wohl gewesen sein. Ich sehe den Mann vor mir – und ich mag das nicht. Das sagt natürlich über mich genau so viel aus wie über ihn, das weiß ich schon – aber ich kann da nicht lügen. Ich mag halt nicht.

Dank für Ihre Bücher. Mit gleicher Post geht ein Paket an Sie ab; wenn ich etwas vergessen habe, dann schreiben Sie das bitte. Diesmal als Drucksache, damit Sie nicht wieder zum Zoll ... ja, Bücher hätte ich schon – also darf ich Sie noch mal behelligen? Entschuldigen Sie die Frage: aber als Drucksache kostet so ein schweres Paket ein halbes Vermögen. Als Paket *gar nicht!* Sie sind freundlich gebeten, *nur* die Frage zu beantworten! (streicht sich den Bart). Ja, also ich habe da in einem Sammelband, mit dem ich nicht sehr viel anfangen konnte, einiges von Haecker gelesen. Darauf habe ich mir vieles von ihm kommen lassen, auch den «Brenner», der in Innsbruck erscheint. Nein, mia filia – das will man nicht. Der Haecker ... na, Sie werden das in der WB lesen. Welch ein frommes Falsett! Er überschlägt sich vor Frömmigkeit, der Papst ist ihm ein Verräter – und er? Ei, das mag man aber gar nicht.

Germania. Ja, es handelt sich um die Grundstellung in Sachen Zensur und dergleichen. Ich traue dem Zentrum nicht bis an die Tür – wenns um die Hausangelegenheiten geht. Wären die Nazis nicht so dämlich ... wären sie nicht so furchtbar dämlich ... wer weiß, wo die Partei heute stände. Wer das weiß? Jeder, der ihre Geschichte kennt.

Encyklika. Sie erlauben mir doch, den frommen, durch das Telefon gesprochenen Segen Ihrer Freundin leicht komisch zu finden? So ein Ding gutzuheißen ... für die andern! Na, darüber brauchen wir uns wohl nicht zu unterhalten.

Die Encyklika selber ist von Willy Haas in der «Lit. Welt» ganz verständnisvoll besprochen worden; sehr antiliberal, sehr antipäpstlich, aber sehr vernünftig. Kriegen Sie. Mir gibt sie nichts. Mein Leben ist nicht so. Das von Millionen andern auch nicht. Und ich halts nicht mal für gut, was da erzählt wird. Vergessen Sie auch nie, daß das unsereiner liest wie irgend einen Artikel – mehr ist das für uns nicht, mein Herz schlägt nicht schneller, wenn ich das lese.

Der herausgerissene Satz. Hören Sie, meine Liebe, da geht mit mir der Literat durch. Aber woher soll sich denn das auf Sie beziehen! Sie sind niemals hochmütig gewesen! Aber der Satz war so wunderbar zu Ende formuliert, so bezaubernd naiv und ganz echt ... das konnte ich nicht stehen lassen. Und da habe ich ihn denn herausgenommen, um *einen* katholischen Standpunkt klarzulegen. «Wie hochmütig *kann* Demut sein!» steht da; nicht: ist. Ich will es, wenn es Sie verletzt, nicht wieder tun – ich habe Ihnen nicht weh tun wollen. Hätten Sie es umständlicher gesagt und nicht so zu Ende formuliert: dann wäre ich gar nicht darauf gekommen. Das kommt davon, wenn Sie gute Briefe schreiben.

Ja, das wäre so einiges. Natürlich kann ich in diesen Briefen so wenig zu Ende sagen; es reicht nicht. Ich schaffe es nicht. Nur so viel:

Niemals im Leben heißen die Fronten: Bolschewismus und Katholizismus. Das sind sie, wenn man die Methoden vergleicht (da sind sich beide wieder sehr ähnlich) – aber es ist eben jene sinnlose Selbstüberschätzung, die ich der Kirche so vorwerfe. Nicht mal zahlenmäßig ist sie dazu berechtigt. Glauben Sie: es gibt heute schon Länder voll von Leuten, die entweder bei ganz andern asiatischen Religionen stehn oder für die die Kirche nicht ist. Die Fronten heißen in dem materialistischen Kampf: Bolschewismus und Kapitalismus. Ja, ich weiß schon . . . det Jeistige. Erzählt mir doch nichts: die Leute wollen essen, keine Tuberkulose haben . . ., liebe Fuchs, ich habe einen Einwand gegen das Christentum:

Es hat noch nie etwas geholfen.

Wie sieht die Geschichte der christlichen, der allerchristlichsten Staaten aus? Bluttriefend. Also? Also ist es nichts, nützt nichts, hilft nichts – nach so einem Krieg wollt ihr noch was erzählen? Wunden gelabt . . . ja doch. Wer so versagt hat, hat zu schweigen.

Es ist nicht recht, daß ich mich – heute wie vor beinah zwei Jahren – polternd gehenlasse; jeder einigermaßen geschickte Theologe, der an Ihrer Stelle säße, würde mit mir abfahren, daß es nur so raucht; denn er hat doch für alles siebenundsiebzig Beweise an der Hand . . . Welch langweiliges Spiel. Ich mag nicht mehr. Ich spiele es nicht mit. Es geht ums *Sein*. Nicht ums Rechthaben.

Hm – soweit also manches aus Ihren Briefen.

Ja, hier ist noch viel Arbeit. Und wenn sie fertig ist, ist neue. Und es sieht etwas merkwürdig in Ihrem werten Vaterland aus, sehr sonderbar. Und wenn ich muß, komme ich im April nach Berlin; wie lange, weiß ich noch nicht; ob überhaupt, weiß ich auch nicht. Ich mag gar keine Reisepläne machen, wer weiß, wer sie mir nachher umwirft. Wenn: dann Paris und Longdong. Und ganz gewiß nicht Berlin, oder doch nur zur Durchreise.

Feilers Buch über Rußland ist I a. Lesen, lesen! Lenin ... nein, das wird nicht gehn. Er ist als Schriftsteller nicht bedeutend. Als Praktiker der Revolution sehr; als Theoretiker ... Hm. Dies Urteil gilt für den Außenstehenden.

Kurz und gut: und sagen Sies keinem weiter: Ich bin des Bildungsspieles der mittleren Bourgeoisie, die sich mit ihrer Zeit nicht abfinden kann, herzlich satt. Ich kann mir diese Vortragsabende vorstellen, aber ich möchte sie mir nicht vorstellen. By Jove, dies ist kein Hochmut. Es ist nur so grauslich langweilig.

Ich freue mich immer, wenn Sie mir schreiben. Nichts für ungut; ich hatte wirklich viel zu tun; all das Laufende, und dann das Buchkind ... es war nicht einfach. Aber damit mag ich Sie nicht langweilen. Hoffentlich wird es *Sie* nicht langweilen. Ich werde wohl in der «*Germania*» einen rauskriegen, wegen Untzittlichkeit. (Sehr lustig: ein weitaus jüngerer Literat, dem ich das zu lesen gab, sagte: «Viel zu diskret! Genauer! Genauer!» Hab ich aber nicht gemacht.)

Alles Gute für Sie!

Ich habe noch zu ackern.

Händedruck und viele Grüße

Ihres wilden Sarazenen oder wie diese Kerle
auf der andern Seite der Kreuzritter hießen –:
Tucholsky

Post: Weltbühne
Berlin-Charlottenburg
Kantstr. 152
18–3–31

Liebes Fräulein Fuchs,
ich greife aus Ihren Briefen den letzten heraus und will ihn gleich beantworten.

Es ist ganz besonders herzlich und nett, wie freundlich Sie mir das von meiner Tante geschrieben haben. Ich habe natürlich gleich geschrieben, geschickt . . . ich weiß übrigens gar nicht, wer das da sein mag . . .

Verzeihen Sie, wenn ich so unpünktlich und nur alle halbe Jahre antworte, aber ich ertrinke in Arbeit. Das kleine Büchlein bekommen Sie, wenns da ist – mögen Sie vielleicht gern Fortsetzungen lesen? Ich nicht. Es ist auch gar kein Reisebuch; das hat sich der Verlag ebenso ausgedacht wie ich mir alle Einzelheiten, die da über Dänemark und Schweden stehn. Es ist eine kleine Geschichte – an der so ziemlich alles erfunden ist. Das B. T. hat mir bei dieser Gelegenheit das größte Kompliment gemacht, das ich jemals bekommen habe: sie haben sich schriftlich zusichern lassen, daß diese Geschichte auch wirklich nicht wahr ist – sie hatten Furcht, eine der Figuren könnte klagen. Ich war furchtbar stolz; mehr kann man von einer erfundenen Figur nicht gut verlangen. Ich habe nicht einmal Modelle benutzt, nicht einmal für die (leider, leider) nicht existierende Geliebte. Nun, so wichtig ist das nicht.

Aus dicker Korrektur, mit vielen schönen Grüßen und herzlichem Dank Ihr ergebener

Tucholsky

KURT TUCHOLSKY
Post: Weltbühne
Berlin-Charlottenburg
Kantstr. 152
5–5–31

Liebes Fräulein Fuchs,
schönen Dank für alle Briefe, die mich von Schweden hierher, nach Österreich, begleitet haben. Ich sitze hier in der Nähe von Salzburg, bei Jannings, und fahre in der nächsten Woche nach Paris und dann nach England. Für Berlin hat es nun nicht mehr gereicht.

Ich konnte nicht früher schreiben, weil ich gepackt habe, gereist bin und dann hier etwa 14 Tage in völliger Ferienverblödung verbracht habe. *Mal* muß der Mensch ausruhen – daher diese lange Pause.

Ich werde Ihnen von England aus ausführlich alles beantworten – Dank auch für alle netten Sätze wegen Gripsholms – das Sie ja nun wohl bald als Buch in der Hand halten werden. Ich bin froh, daß die Schinderei vorüber ist. Nunmehr beginnt die Korrekturenschlacht für den nächsten Auswahlband.

Und die Zeichnung war *so* schön!

Mit vielen Feriengrüßen
Ihr alter
Tucholsky

DIE
WELTBÜHNE
Begründet von Siegfried Jacobsohn
Unter Mitarbeit von Kurt Tucholsky
geleitet von Carl von Ossietzky
Paris: 24–5–31

Liebes Fräulein Fuchs,
schönen Dank für Ihre lieben Briefe. Zu schämen hätte höchstens ich mich ... weil ich so unpünktlich antworte. Ich habe
ein bißchen viel um die Ohren, zur Zeit.

Entschuldigen Sie – ich konnte Ihnen nichts in das Büchlein
schreiben, ich habe kein einziges Exemplar – auf Reisen ließ
sich das nicht anders machen. Hoffentlich kann ich das nachholen.

In London werde ich etwa in der ersten Hälfte Juni sein,
und dann will ich aufs Land gehn. Bitte schreiben Sie mir auf
alle Fälle Ihre Adresse.

Viele herzliche Grüße

Ihres ungetreuen ergebenen
Tucholsky

Post: Weltbühne
London: 13–6–31

Liebes Fräulein Fuchs,
da liegen denn also Ihre Briefe, und ich habe sie mir, wie immer, bunt angemalt, damit ich weiß, was ich beantworten
will – eigentlich müßte man ja auf alles antworten, aber wie
soll ich das tun – ich versaufe in Papier. Jetzt gehts los:

Schönen Dank und Gruß aus England! Na, danke · es geht.
Ich verstehe noch gar nichts, und da ich nicht hergekommen
bin, um zu schreiben, sondern nur, um ein bißchen einzu-
kaufen, was in Schweden nicht geht, und weil ich dann auf

dem Lande in der Stille arbeiten will, so macht mir das alles nichts.

Man kann also, Ew. Liebden, von Schweden nach Salzburg über Hamburg fahren. Da habe ich zwar meinen besten Freund durch den Tod verloren, was eine sehr bittere Sache gewesen ist – aber man kann Berlin umfahren, und ich hatte schon seit langem so disponiert. Es ist also keine böse Absicht dabei.

Falsch gemacht haben Sie gar nichts, und ich glaube, daß ich alle Ihre Briefe richtig verstanden habe. Aber wenn ich nicht auf alles so anspringe: ich hatte im letzten Monat ein bißchen viel um die Nase, darunter sehr, sehr viel Arbeit, und diese Arbeit hat sich nun in beängstigendem Maße gesteigert: Sie werden das ja hoffentlich alles zu sehen bekommen.

«Gripsholm»: nein, viel Substanz hat das nicht. Mir scheint es nun ein Hauptvorzug einer Omelette soufflée zu sein, möglichst wenig Substanz zu haben, und Rinderbraten stand nicht auf der Speisekarte. Leichtigkeit, das ist im Deutschen ein Vorwurf für den Autor. Tief... tief mußte sein. Ach, ist das ein verbogenes Land. Aber das klingt nun so wie der Seufzer eines mißverstandenen Genies, und ich weiß so genau, wie klein mein Talent ist. Damit hat das garnichts zu tun. Ich habe auch keineswegs den Eindruck, nun eine gewaltige Sache geleistet zu haben. Das war eine Fingerübung; ich wollte einmal sehen, ob ich überhaupt ein kleines Buch lang durchhalten kann. Nun kommt ein dickes – aber ob das nun tief werden wird...? Es wird von den Frauen handeln. Man wird ja da sehn.

Ich freue mich, daß Sie gut arbeiten – trotz allem. Mich nachmachen...? Ich bin doch auch nicht vom Himmel heruntergefallen – das sind ja kaum Vorwürfe, beeinflußt sind wir alle. Das *Handwerk* muß gut sitzen, die Grammatik, die Sprachkenntnis, die Interpunktion – alles Dinge, die die schreibende Frau in Deutschland meist vernachlässigt. Aber nicht Sie. Sie arbeiten ja wenigstens an sich. Hurra für den Rundfunk! Langsam sprechen!

Hier sitze ich nun so herum, und dann fahre ich ein bißchen aufs Land und arbeite – und da will ich denn den ganzen Sommer bleiben. Das Wie und Wo weiß ich noch nicht – das entscheidet sich erst in diesen Tagen. So wie einem Mann in London zu Mut ist, so muß eine Frau in Paris fühlen. Ich habe so etwas von Warenreichtum noch nie gesehn. Schade, daß man nicht so viel kaufen kann, wie man gern möchte. Und welche Qualitätsarbeit!

Und da wären wir denn also wieder bei Ihnen, und ich grüße Sie schön und bin

Ihr unveränderter ... was ist mit Ihren Ferienplänen? Rheinland?

und schönstens grüßender
Tucholsky

KURT TUCHOLSKY
Post: Weltbühne
Berlin-Charlottenburg
Kantstr. 152
4–7–31

Liebes Fräulein Fuchs,
da Sie gleich Antwort haben wollen, habe ich Ihren Brief ganz zu oberst auf den Packen gelegt ... (Tucholsky, lüge nicht – ganz zu oberst nicht. Na ja, nicht ganz zu oberst, Rowohlt mußte erst einen hingemacht kriegen ...) Also:

Nach vielem Herumgeruder habe ich mich still hingesetzt und muß nun furchtbar arbeiten. Ich habe mir ein kleines Häusgen in Südengland genommen, und da sitze ich nun seit drei Tagen und habe alles ausgepackt und jetzt gehts los. Was Ihre Ferien angeht, so werfen Sie sie nicht mit meinen Arbeitstagen zusammen. Ich weiß, wie nett das gemeint ist, und ich fasse Ihr Anerbieten auch so auf, aber wenn ich zu tun habe, bin ich ganz in mich zurückgezogen, ziemlich unausstehlich, und das ist nichts Rechtes. Über dieses sowie über einiges andere wäre zu reden, wenn ich, wie zu befürchten steht, im Herbst nach Berlin komme. Uffla –

Ihre Rundfunkerlebnisse haben mich recht vergnügt. Ich habe das auch ein paar Mal gemacht, anfangs ist es eine kleine Sensation, nachher nicht mehr. Ich eigne mich nicht gut dazu – meine Stimme ist zu hoch und nicht angenehm. Ihnen alles Gute dazu – damit ist nun wirklich Geld zu verdienen. Wichtig ist, daß Sie sich dabei irgend eine *Note* zurecht machen, irgend etwas, was die andern nicht tun, und woran man Sie sofort erkennt. Was das sein kann, weiß ich nicht – aber wenn Sie dabei pfeifen oder singen oder immer Schiller zitieren oder irgend etwas –: kleben Sie sich etwas zurecht, woran man Sie gleich erkennt.

Es tut mir leid, daß ich Ihnen so wenig bei Ihrem sicherlich schweren Kampf um die Kirche helfen kann. Lügen mag ich nicht, und in mir ist nichts drin, diesbezüglich. So gut wie nichts – und sicherlich nichts, was Sie gebrauchen können. Nur so viel: ganz oder garnicht. Überliefern Sie sich der Kirche ganz oder lassen Sie von ihr – ein Mittelding wird Sie nicht glücklich machen.

Sie schreiben immer, ich könnte Ihre Briefe mißverstehen. Aber gar nicht. Sie können auch gegen mich und meinen Kram schreiben, was Sie mögen – jeder kann das, denn ich weiß ja, was mit mir los ist. Natürlich bin ich nicht Mozart – nicht Swift und nicht Lichtenberg, ich weiß. Aber das drückt mich nicht, und nur wirkliche Bosheit des Kritikers wundert mich manchmal. Und die haben Sie ja nicht.

Merkwürdig, wie Bücher wirken ... Nie war ich unglücklicher, zerrissener, ungeklärter und mehr durcheinander, als damals, als ich das «*Pyrenäenbuch*» schrieb. Das ist nun wirklich «heruntergehauen», etwas, was manche Dummköpfe von «*Gripsholm*» behaupten, weil sie nicht wissen, was Leichtigkeit ist, und daß man nicht unbedingt schwitzen muß, wenn man Literatur macht. Ich möchte das «*Pyrenäenbuch*» nicht noch einmal in derselben Verfassung machen müssen – es war grauslich. Nun aber wollen wir einen kleinen Tonfilm und dann ein neues Buch bauen. Ich bleibe hier bis Mitte Oktober, wenn ich nicht anfriere.

Alles Gute für Sie! Und einen guten Sommer, néanmoins!

Herzlichst
Ihr ergebener
Tucholsky

KURT TUCHOLSKY
Post: Weltbühne
Berlin-Charlottenburg
Kantstr. 152
2-8-31

Liebes Fräulein Fuchs,
schönen Dank für alle Ihre Briefe und Sendungen. Soweit mir das die Arbeit erlaubt, lese ich es alles ganz brav und belerne mich daran. Aber das bleibt nun einmal so: ich kann mich mit der *weltlichen* Taktik der Kirche nicht befreunden; ich finde ihre Haltung zwiespältig und überhaupt scheußlich. Ganz etwas andres ist es im Kapitel Glaubensfragen – da bin ich mit meinem Urteil sehr zurückhaltend und vorsichtig.

Ich kann Ihr Feuilleton nicht gut weitergeben, und zwar deshalb nicht: von Ullstein gehe ich im Oktober fort, und bei dem Tageblatt stehe ich mit den Leuten nicht so gut. Es würde Ihnen also nichts nützen, wenn ich Sie empfehle – es ist genau ebenso wirksam, wenn Sie es selber einschicken. Nichts für ungut.

Na also – der Remarque-Film. Ich habe ihn nicht gesehn. Aber die «Germania» hat noch ganz andere Sünden auf dem Gewissen – sie ist doch, wenn man die Sache tiefer beklopft, glatt reaktionär. Einwände gegen diesen Film, und vor allem gegen seinen Hersteller gibt es eine Menge – doch so, wie die Gegner des Films es machen, geht es auch nicht.

77

Die Kritik über das Bänkelbuch ist dumm. Was die Leute so über mich zusammenschreiben! Gegen «*Gripsholm*» hat einer (einer) etwas wirklich Vernünftiges geschrieben, und dann zwei Freunde in Briefen. Die haben die Mängel des Buches wirklich erkannt: wie die beiden Handlungen nicht ineinander übergehen, und wie die Leute sich stellenweise ihre eigene Klugheit abfragen. Was sonst darüber erschienen ist, ist in Lob und Tadel nicht sehr weit her. Ich hätte nie geglaubt, daß das kleine Buch die Leute so aufbringen könnte. Auch hat die Schloßverwalterin von Gripsholm aus Schweden schreiben lassen: die Leute bestellten da immer Zimmer, was denn das sei ...

Lassen Sie es sich gut gehn und Dank für die schönen Bilder aus Soest. Hier ist es grau – Gott segne dieses Land. Ich liebe es nicht. Zum Glück muß ich hier nicht englisch sprechen, nur französisch, das erleichtert das Leben sehr.

Mit vielen schönen Grüßen und allen guten Wünschen für Sie

wie stets
Ihr
Tucholsky

DIE
WELTBÜHNE
Begründet von Siegfried Jacobsohn
Unter Mitarbeit von Kurt Tucholsky
geleitet von Carl von Ossietzky
4–10–31

Liebes Fräulein Fuchs,
seit etwa fünf Wochen macht mir mein Hals allerhand Kummer, es kann auch eine Grippe sein. Daher dieses Schweigen, während dessen sich Ihre freundlichen Briefe hier ansammeln. Ich schreibe Ihnen heute, bei weit geöffneten Koffern, vor

meiner Abreise einen Gruß – es war nicht böse Absicht, ich habe wenig geschrieben in der letzten Zeit und nur mit Mühe. Darunter hat dann der Briefwechsel gelitten.

Alles Gute für Sie! Auch in der Literatur! Sollte ich von Paris aus nochmal durch Berlin kommen, dann meldet sich
Ihr Sie bestens grüßender und ergebener
Tucholsky

Post: Weltbühne
2–11–31

Liebes Fräulein Fuchs,
schönen Dank für Ihre Briefe – da liegen sie und sehn mich vorwurfsvoll an. Ja, also ... inzwischen haben sie mir die Mandeln herausgenommen, aber damit und mit dem, was damit zusammenhängt, will ich Sie nicht langweilen – es war ein langwieriger und grauslicher Septemberkatarrh, den ich noch nicht ganz überwunden habe.

Ich wünsche Ihnen vor allem, daß Ihre familiären Schwierigkeiten gut gehn mögen – das ist für Sie gewiß kein leichtes Spiel, denn das ist selbst für einen Mann nicht immer ganz einfach. Möge –! Möge –!

Dank für alle Ihre freundlichen Worte. Die kleine Schlußgeschichte in dem Babybuch ... Fuchs, wenn es auf das Katholische kommt ...

Also: im Original ist die Geschichte umgekehrt, da sagt grade der Jude, das aber sei wahr, was er glaube. Ich habe das zunächst herumgedreht. Dann aber: es kommt gar nicht darauf an, *wer* das sagt. Es kommt darauf an, daß einer, der etwas glaubt, so davon überzeugt ist, daß er jede Diskussion darüber ablehnt, eben es als *wahr* ansehend. Ich gebe Ihnen einen Satz zurück: Sie können es wohl von innen nicht anders sehn.

Dies ist kein Brief, ich weiß es; ich bin aber auch nicht der

Tucho – so haben sie mich zugerichtet. Und erst hat ein Katarrh zwei Monate gedauert, und seit 8 Tagen laufe ich ziemlich zerquetscht umher. Aber ich hoffe, diesmal hats geholfen. Alles Gute für Sie! Berlin? Nein, nicht Berlin.

Dennoch herzlichst Ihr ergebener
Tucholsky

KURT TUCHOLSKY
Post: Weltbühne
Berlin-Charlottenburg
Kantstr. 152
19–11–31

Liebes Fräulein Fuchs,

ein pünktlich beantworteter Brief . . . da steckt etwas dahinter. Steckt auch. Aber das kommt später.

Dank für den Ihren vom 4. d. M. Danke . . . ich bin noch nicht auf der Höhe, ich müßte nach dem Süden, aber das geht jetzt nicht, und so amüsiert sich mein Katarrh still und leise und ich gebe ihm Kamillen und fluche ihn gesund. Fuchs, «bei Menschen» bin ich eigentlich nie – höchstens daß mal einer oder eine um mich rum ist. Zur Zeit, einer – und daher dieser Brief.

Wir kochen hier eine Komödie «Christoph Columbus», und das macht viel, viel Arbeit, weil es doch sauber und mit der Hand genäht sein muß. Der Mitarbeiter ist Hasenclever. Nun gibt es da eine Disputation zwischen Columbusn und den geistlichen Autoritäten der Zeit, das ist vaguement historisch. Da spielt die Kugelgestalt der Erde eine Rolle – und wir haben Gottseidank vermieden, aus den Geistlichen lauter Schießbudenfiguren zu machen. Nun aber möchte ich gern Folgendes wissen, damit die Sache auch stimmt:

a) Wie redet (heute) ein Erzbischof seine geistlichen Untergebenen an?

b) Wie reden sie ihn an?

c) Wie sprechen sich Geistliche vom selben Rang untereinander an?

d) Wie heißen die Grade der spanischen Inquisition *unter* dem Großinquisitor? Titel? Anrede?

e) Wie wird ein Theologieprofessor angesprochen, der gleichzeitig, sagen wir, Dominikaner ist?

Ich stelle diese Fragen, um ganz sicher zu gehen.

Das wärs. Bekommen Sie keinen Schreck – es ist kein kirchenfresserisches Stück, es handelt sich hier um eine große Szene, bei der diese Äußerlichkeiten eine Rolle spielen. Im übrigen arbeiten wir wie die kleinen Dampfmaschinen.

Ich wünsche Ihnen vor allem, daß Sie über diesen geschäftlichen Kram gut hinüberkommen. Es paßt wohl nicht ganz zu Ihnen. Zu mir auch nicht – aber ich muß. Ich glaube, unsereiner hat die Weltanschauung ganz reicher Leute ... schade, daß man sich das nicht leisten kann. Doch kommt zu unsereinem kein Geld, weil wir es nicht lieben, man muß es brünstig lieben, das Geld – es fühlt das. Das ist beinah eine körperliche Eigenschaft.

Bei dem Kommunisten werden Sie was zu hören bekommen. Wahrscheinlich wird er Ihnen sein ganzes, auswendig gelerntes Evangelium herbeten; ich habe mir aus Katechismen nie viel gemacht. Moskau ist eine Religion, Ihre ist schöner, weil älter und komfortabler in den Eckplätzen. (Für Alleinreisende.) Das gibts da noch nicht. Die treten in Zügen rechts schwenkt an ... mich haben sie halb auf den Index gesetzt, weil ich mich nicht einordnen könne, so habe ich grade gelesen, und überhaupt ein schrankenloser Nihilist ... Ach, ist das alles langweilig.

Na, da wollen wir mal. Ich muß dem andern sein Gedichtetes nachsehn, es ist noch nicht ganz heraus, wer der Faulere von beiden ist. Übrigens ist es eine Hundearbeit. Drücken Sie ein bißchen den großen Zeh; wie ernst es ist, können Sie daraus sehen, daß wir hier Männerkloster spielen und nur mit der Schreibmaschine liebäugeln. Das Leben ist hart.

Gucken Sie mal rein in Irmgard Keun «*Gilgi, eine von uns*». Leider ist es kitschig, aber Ansätze sind da.

Allerschönstens, mit allen guten Wünschen und vielem Dank im voraus für Ihre Freundlichkeit die Maschine ist leider trunken –

Ihr Tucholsky

D I E
WELTBÜHNE
Begründet von Siegfried Jacobsohn
Unter Mitarbeit von Kurt Tucholsky
geleitet von Carl von Ossietzky
11–12–31

Liebes Fräulein Fuchs,
zwischen Arbeit, Doktorbesuchen und viel Getümmel möchte ich mich herzlichst bei Ihnen für die Freundlichkeit bedanken, mit der Sie meine Anfrage beantwortet haben. Es hat sehr genützt, und wir sind auch schon über die Szene hinweg.

Über Ossietzky und andres schreibe ich Ihnen bald ausführlicher.

Inzwischen mit vielen schönen (Eil-)Grüßen

Ihr
Tucholsky

Dieser Aufsatz stand in der Literarischen Beilage der «Germania» am 13. Juli 1929, Nr. 13. Durch diesen Aufsatz entstand der Briefwechsel mit Kurt Tucholsky.

JOURNALISTIK IM BUCH

VON

MARIEROSE FUCHS

Journalistische Arbeiten nach ihrem Erscheinen auch im Buch zu sammeln, scheint zunächst überflüssig. Denn Journalist sein, heißt, nicht über Generationen hin etwas Gültiges sagen zu wollen, sondern heißt Diener am Tag für den Tag zu sein. Ein Journalist hat über irgend etwas Geschehenes seinen Bericht zu geben, damit die Allgemeinheit über das Geschehene unterrichtet wird. Aber Journalistik reicht auch über den Lokalbericht, die einfache Reportage hinaus. Paul Fechter sagt in seiner Studie: ‹Dichtung und Journalismus›, der Journalist sei «Vermittler zwischen dem Einzelnen und dem Ganzen», zwischen «Welt und Menschen» und auch zwischen «Kunst und Menschen». Die Seele des Journalisten müsse darum «ein immer bereites Reagens von nie versagender Feinheit sein, mit ständigem Tasten, Horchen, Schauen, gerade das aufspüren, für das der Welt das Organ fehlt». Journalistik kann also, je nach Tiefe, Eigenart, Eindrucksfähigkeit und Begabung ihres Trägers, weit in geistige und darum bleibende Gebiete hineinreichen. Sie kann in Auseinandersetzung mit der Zeit so viel vom Gehalt dieser Zeit aufzeigen, daß sie auch kommenden Generationen zu sagen hat, man denke beispielsweise an Reiseberichte Heinrich Heines oder an die, ganz anderem Wollen entspringende Reportage Jack Londons aus den Elendsvierteln der englischen Hauptstadt. Der Journalist kann aber auch, wie im eigentlichen Feuilleton «mit dichterischen Mitteln Dienst am Tage zu leisten versuchen» (Fechter). Hier ist es nicht mehr das Was allein, sondern, im Geheimnis der Gestaltung, vornehmlich das Wie. Der Feuilletonist, sagt einmal Bormann (*Orplid*, 3. Jahrg. Heft 9) ist «Stilkünstler». Er beherrscht die Dynamik der Sprache, die spielerischen Reize der Verknüpfung, die Melodik des Wortklanges gleichermaßen, wie die Kunst der Andeutung und Ausdeutung ... und die Magie der Überschrift. Das gute Feuilleton ist «Kunstwerk des Journalismus». Diesen Kleinkunstwerken nun gilt vor allem das Interesse, diesen oft hauchfeinen, lyrischen oder ironisch tänzelnden und glasklaren scharfen Gebilden, die «nicht Erzählung, nicht Skizze, nicht Aufsatz noch Studie sind» (Bormann), und die sich meist mit der «Unsterblichkeit des Tags» (Fechter) begnügen müssen, aber nicht zu begnügen brauchen. Nur im Buch können diese Feuilletons, in denen doch mehr steht, als von Tagesanfang bis Tagesende bewahrt werden kann, zu einem größeren Kreise Menschen sprechen, als der ständige Abonnentenkreis einer Zeitung umfaßt.

Nun zu einigen Neuerscheinungen letzter Zeit: Da ist zunächst Rudolf Geck. Er ist seit dreißig Jahren Redakteur und Journalist an der *Frank-*

furter Zeitung. Aber erst 1928 gab er im Verlag der Frankfurter Sozietäts-
druckerei eine schmale Auswahl seiner Feuilletons heraus: ‹-ck erzählt von
Tieren, Kindern und Begegnungen›. Geck gibt kurze Einblicke, gibt scharfe Beobachtungen von kleinen und kleinsten Begebenheiten. Er zeigt einfach: So und so war dieser Mensch, dieses Kind, dieser Vogel oder Hund
in dieser Lebenssituation. Und darum ist Geck bei aller sorgfältigen, sauberen Arbeit anspruchslos in der Form. Er läßt kleinen Dingen ihr Recht,
aber auch die Begrenzung ihres Platzes. Er bauscht keine Worte darum.
Er erzählt in fast fotografischer Treue, was ihm auf Reisen oder im Alltag
begegnete. Er gibt, bewußt entsagend, nur «Stoff für Dichter», zeigt nur
den Augenblick, in dem sich für ihn doch immer etwas des Ganzen spie-
gelt. Ihm kommt es im Wechsel aller Formen stets auf «das Menschliche»,
Bleibende an.

Im Vorwort des Bändchens erklärt Geck auch selbst die leise Melancho-
lie, die unausgesprochen über vielen seiner Arbeiten liegt. Dreißig Jahre
«dem Tage verpflichtet», rang er sich durch die Wandelbarkeit der Anschauungen zu einem «gedämpften Optimismus» durch, zu lächelnder, guter Gelassenheit, zum «sich nicht haben» mit dem eigenen Kram. Aber es
bleibt, bleibt, beunruhigend eines: «Das Rätsel der Friedhöfe». Für den
Religionslosen ist «die Erde ein schauerliches Karussell, von dem alle ab-
stürzen werden». Und so steht die «dunkle Frage nach dem Wohin» wort-
los hinter jeder Rechenschaft, jedem ernsteren Bericht. Sie befriedet sich
nie ganz, kann sich nicht befrieden, auch nicht in der bereitesten Aufge-
schlossenheit «für den Tag».

Robert Neumann, durch die literarischen Parodien ‹Mit fremden Fe-
dern› bekannt, ist durch seine bei Engelhorn erschienenen Berichte ‹Jagd
auf Menschen und Gespenster› dem innerlich ganz anderen, besinnlicheren
Rudolf Geck doch in einer Weise verwandt: In der strengen Verant-
wortung dem Erlebten, Gesehenen gegenüber. Bei Neumann freilich wirkt
sich das anders aus. Er ist wohl Journalist, aber das, was er bringt, ist kein
Feuilleton mehr, das ist glänzende, mit künstlerischen Mitteln arbeitende
Reportage. Neumann steigert durch knappsten, sprachlichen Ausdruck das
Tempo, oft bis zur Atemlosigkeit, ohne daß er darum kleinste Erscheinungen, wie einen Augenblicksreflex auf dem Wasser, oder einen
Farbfleck, eine Falte, einen Laut, einen Duft, außer acht läßt. Jede Er-
scheinung ist schärfst umrissen, farbig bestimmt, ohne daß er bei allzu
genauer Fixierung beschreibend verweilt. Nie tritt eine Stockung ein.
Seine Berichte nimmt er zum Teil aus den Niederungen menschlicher
Existenz. Er führt in Hafenviertel holländischer Städte und in Spelun-
ken am Mittelmeer, er erzählt von Schmugglern und geheimen Arbeits-
börsen und gibt Einblick – immer streng sachlich, genau, wie für einen Polizeibericht – in den Kampf mit Verbrechern, in Bordelle und
Lokale sexuell Anormaler. Hier aber liegt – trotz aller Objektivität und
Ausschaltung eigener Stellungnahme – eine Gefahr. Darin, daß Neumann
diese Dinge überwiegend, und so bringt, als wären sie das wichtigste in
jenen Städten. Das trennt ihn von der genialen, sauberen, auf wirklich
wesentliches gerichteten Reportage aus den Tiefen Ost-Londons in ‹Menschen der Tiefe› von Jack London, dem er sich durch sein Können manch-

mal nähert. Neumann weiß nichts von irgendeiner Scheu vor menschlichen Abgründen. Kalt, sachlich, grell leuchtet er auch die erbärmlichste, sich in Wirklichkeit immer verbergende, Nacktheit heraus. Es ist bei ihm die Gefahr der «Sensation um jeden Preis», wie sie in kleinen Nachtblättern, der künstlerischen Bemeisterung freilich entkleidet, mit großbuchstabigen Zwischenüberschriften ihre Stätte hat.

Sein Gegenteil ist Alfred Kerr, der in dem Bändchen ‹Die Allgier trieb nach Algier› auch von fremden Menschen und Zuständen erzählt. Kerr aber denkt nicht daran, die Dinge, ins Wort gebannt, selbst vorzuzeigen, er geht ganz von der Impression aus und zeigt diese in seiner eigenwilligen Form. Er zerpflückt einen kleinen Abschnitt über die Kabylen oder sonst etwas Afrikanisches in 19 oder 27 römisch numerierte Kapitelchen, lockert diese, oft kleinsten, in hingetupften, notizenhaften Sätzen bis zum Letzten auf. Das sind loseste Arabesken, das ist Jonglieren mit dem Wortklang hinab bis zur Grenze der Banalität, Schnoddrigkeit und bis zur Manieriertheit. Was an früheren Reisebüchern ‹O Spanien› und ‹Yankeeland› überrascht, tut es hier zum Teil nicht mehr. Vielleicht ist es zu wenig das Gefühl der Fremde, das man hier in Afrika doch schließlich noch sucht, vielleicht der Mangel an Hingabe an das Objekt und zu wenig der Ehrfurcht vor religiösen Anschauungen jeder Art, die unbefriedigt lassen. Aber, man darf nicht vergessen, Kerr will nur *seine* Eindrücke von diesem Ausflug nach Afrika geben.

Einer der sprachgewaltigsten deutschen Journalisten, geistig Heinrich Heine in etwa verwandt, ist Kurt Tucholsky. Ihm genügt die eine Form des Feuilletons ebensowenig wie die Beschränkung auf einen Namen. Peter Panter, Theobald Tiger, Ignaz Wrobel, Kaspar Hauser sind seine, aus der *Weltbühne* bekannten, Masken. Wenn die Grundverpflichtung des Journalisten die Vielseitigkeit ist (Fechter), dann erfüllt sie Tucholsky in eminentem Maße. Eine Auswahl seiner Journalistik gibt er, im Verlage von Ernst Rowohlt, Berlin, in zwei Bänden: in dem früher erschienenen ‹Mit 5 PS› (Pseudonymen) und dem jetzt, 1929, herausgekommenen Band ‹Das Lächeln der Mona Lisa›. Er beherrscht das Feuilleton, die Satire, die Parodie, das Chanson, die groteske Phantasie, versteht es, in genialer Meisterung, von einer Form zur anderen überzuspringen, und vermag in außergewöhnlicher Weise den Berliner Jargon wiederzugeben. Er nimmt Stellung zum Tag, zur Schauspielerei, Literatur, Politik. Er bekämpft immer und immer den Krieg (mit nicht immer ganz gerechten Mitteln). Er wettert gegen die Zopfigkeit an preußischen Behörden und in der Rechtsprechung, verspottet die verstaubte, unfruchtbare Verhandlungsweise mancher «kleinen Parlamente», wie all die Wichtigtuerei des einzelnen in Dienst und Alltag und Spießbürgerleben. Das ungesunde Gehabe mit überzärtelten Hunden kriegt auch ordentlich was ab. Und er wendet sich scharf gegen den ganzen Affenschwarm von Lächerlichkeiten, der auch heute noch in manchen Studentenverbindungen zu finden ist. (Hierbei mußte ich an unseren Carl Sonnenschein denken, wenn er gegen die gleichen «eingebildeten Gipsnasen» wortgewaltig zu Felde zog, gegen ihren «schnarrenden Ton, das einglasige Auge» und die «ganze überhebliche Kastenhaftigkeit», die der Volksgemeinschaft so tief gefährlich ist.) Aber Tucholsky scheut auch vor Frechheit und Gemeinheit nicht zurück. Es ist da ein Schuß Bosheit zuviel, der ihm bei aller Begabung eigentliche Größe verwehrt. Eine Lust am Niederreißen, Zersetzen. Tucholsky sieht beinahe immer nur die faule Seite. Damit baut man nicht auf. Und dann trennt ihn eines tief von uns. Ich meine nicht seine völlig andere (kommunistische?) Weltanschauung. Manches, das uns in seinen Schriften verletzt, abstößt, indiskutabel ist, kommt freilich aus dieser ganz anderen Perspektive zur Welt. Aber das ist es nicht. Das läßt sich abgrenzen. Aber da ist, wesentlicher, ein anderes: *Ein erschreckender Mangel an Ehrfurcht vor fremder Überzeugung.* Herumreiterei auf «der Rolle der Kirchen im Weltkrieg», ohne tiefer zu schauen, Parodie auf die Bergpredigt, Spott, immer wieder Spott um den Namen und Begriff: Gott – das sind so einige Sünden. «Ewige Werte gibt es nicht», meint Tucholsky neulich in der *Literarischen Welt* (14. 6. 29) und die Zehn Gebote seien nicht einmal besonders gut gemacht, sie «schmeckten nach Duckmäusertum, nach Schafstall, nach allem, was gute Untertanen macht». Dies zur Charakteristik der Mentalität. Ihm fehlt da der Takt. Er bespeit, was Hunderttausenden heilige Wirklichkeit ist.

Alfred Polgar, der feinere, gütigere, kultiviertere, hat davon auch etwas. Es scheint eine Massenerkrankung. Wie seltsam das ist, daß Nachkommen derer, die vor dem Namen Gottes schon so ehrfürchtig waren, daß ihr Mund nicht wagte, ihn zu nennen, ihn auszusprechen, ihn jetzt immer wieder in ihre Spöttereien hineinzerren! Und wie manchmal hineinzerren! Wie seltsam auch, daß sie ihn, wenn er ihnen überflüssig wurde, nicht ganz verschweigen, sondern ihn brauchen, und sei es nur zur Würze dessen, was sie zu sagen haben. Polgar tut mir darum leid. Denn hier wird er manchmal banal, verläßt ihn sein Tastgefühl für den Platz der Dinge. Er hätte es so gar nicht nötig. Er ist, im Gegensatz zu Tucholsky, der eine größere Beweglichkeit ihm voraus hat, nie grob, nie unfein. Bei Polgar ist vieles so zart und liebend gesehen, so abgewogen und geklärt gesagt, daß man in jedem Band mit Freude liest. Zu dem ersten: ‹An den Rand geschrieben› kommen zwei andere: ‹Orchester von oben› (1927) und ‹Schwarz auf Weiß› (1929), alle bei Rowohlt erschienen. Die darin gesammelten Feuilletons sind Beispiele für das künstlerische Feuilleton, sie stehen der Dichtung unzweifelhaft näher als dem Journalismus, sind, dem Tag durch tausend Fäden kluger Beobachtung verbunden, ihm zugleich entrückt. Polgar ist wirklich der «Meister der kleinen Form», von der er glaubt (Vorwort ‹Orchester von oben›), sie sei «der Spannung und dem Bedürfnis der Zeit gemäß». Er hält «episodische Kürze für durchaus angemessen der Rolle, die heute der Schriftstellerei zukommt» und bemüht sich bewußt, «aus hundert Zeilen zehn zu machen». Jedes einzelne Feuilleton ist ausbalanciert, abgerundet, ist von klarer Musikalität. Das sind nicht Fotografien, das sind, trotz aller Tageskritik darin, auch keine Angriffe wie bei Tucholsky, das sind abgetönte Bilder. Polgar überrascht immer von neuem in den Wendungen, spielt mit den Worten, sprüht vor Vergleichen und überspritzt jede Meditation mit feiner Ironie, die zumeist in einem so reizenden Wortmäntelchen daherkommt, daß sie nicht weh tut. Er ist weich, einschmeichelnd, voller Beschwingtheit, selbst da, wo er bis an die Grenze der Frivolität, der Blasphemie vordringt. Er ist Skeptiker, Ungläubiger an Welt, Mensch und Wert, aber wie er in Schalkhaftigkeit die Grenzen des Alltags herausleuchtet, die Schwächen menschlicher Bedingtheit (auch die eigene schriftstellernde), wie er eine bestimmte Art bürgerlicher Wohltätigkeit persifliert, die Engstirnigkeit mancher Richter anpflaumt, wie er überhaupt aus einem Nichts ein feingegliedertes Etwas macht, einem Problem nachsinnt, das alles zeugt von Virtuosität, aber auch von einer sublimierten, lebendigen, ins Reich der Dichtung hineingreifenden Journalistik.